Riepl/Schweighofer

Digital fotografieren

Bilderfassung
Bildbearbeitung
Bildausgabe

Ludwig Riepl/Barbara Schweighofer

Digital fotografieren

Bilderfassung
Bildbearbeitung
Bildausgabe

Laterna magica

Inhalt

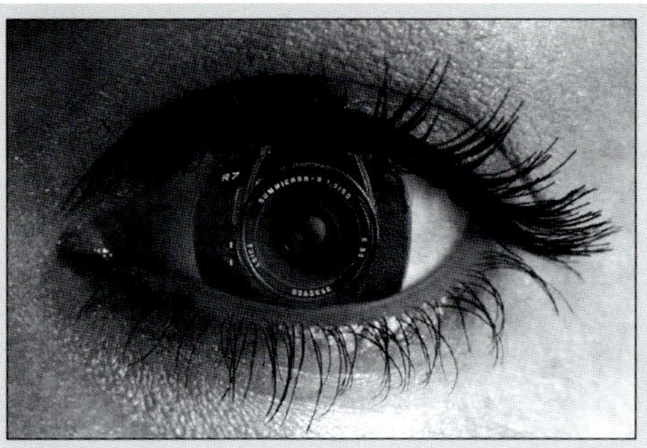

1. Einleitung

Bilder sind nicht einfach ein Widerschein der Dinge. Sie sind zugleich Ausdruck und Abbild der verwendeten Technik, des Fotografen und der Stimmung des Beobachters.

Irgendwo zwischen Spiegelbild und Trugbild muß eine Stimmigkeit des Bildes erkennbar sein, darin erfüllt sich die »Wahrheit« eines Bildes, seine Spannung.

Digitale Fotografie, oder genauer gesagt digitale Bildbearbeitung, schafft vielfältige Möglichkeiten, ein Bild aus seiner Abbildhaftigkeit zu befreien und andere Inhalte transportieren zu lassen als nur die Aussage über ein bestimmtes Objekt.

Die schier unbegrenzten Möglichkeiten können aber auch dazu verführen, sich in bloße Machbarkeit zu verirren.

Von den Fotografen werden die einen die Möglichkeiten benutzen, um sich auf der Achterbahn der darstellbaren Bilder wie in einem Geschwindigkeitsrausch begeistert treiben zu lassen, die anderen werden sich abschätzig abwenden und weiterhin versuchen, den unzuverlässigen Bildern ihre Wirklichkeit und (Auf-)Richtigkeit abzutrotzen.

Noch ist es nicht soweit, daß das digitale Verfahren auch die Aufnahmetechnik so einschneidend verändert hätte, wie sie dies in allen Bereichen der professionellen Bildwiedergabe tat. Zwischen Bildkorrektur, Bildfälschung und neuer Bilderschaffung schwankend ist digitale Bildbearbeitung und Bildveränderung aus vielen Bereichen nicht mehr wegzudenken.

Fernsehen, Bücher, Zeitschriften – aber auch die vielen Versatzstücke der »kleinen Wirklichkeit« in Werbung und Prospekten – haben längst Bilder aus »dritter« Hand zum Alltag werden lassen.

Zwischen den Fotografen und Betrachter drängt sich eine dritte Gestalt, der Bildbearbeiter. Er optimiert die Bilder, damit alle die schöne neue Welt erkennen können – oder je nach Belieben auch eine andere, besonders heillose.

Alle Kameras, herkömmliche wie digitale, sind dem Prinzip des menschlichen Auges nachgebildet. Durch einen Regelungsmechanismus (Augenlid, Pupille) wird das von einem abzubildenden Gegenstand zurückgeworfenene Licht über ein steuerbares Linsensystem (Pupille, Hornhaut, Linse) auf eine Projektionsebene (Augenhintergrund, Netzhaut) geworfen.

Ohne Auge gibt es keine Bilder.

Dort entsteht ein verkleinertes, umgekehrtes Bild. Viele einzelne sensorische Einheiten (Stäbchen-, Zapfenzellen) reagieren auf den Lichtreiz und leiten den Reiz zur Verarbeitung (Gehirn) weiter. Die Hauptbestandteile eines jeden Abbildungssystems sind also:

- ein Öffnungssystem, das die Dauer und Menge des Lichteinfalls regelt,
- ein Linsensystem, das die einfallenden Lichtstrahlen konzentriert,
- eine Einstellungsmöglichkeit, um die scharfe Darstellung unterschiedlich entfernter Objekte zu ermöglichen,
- ein dem Licht entzogener dunkler Raum, der den Strahlengang unbeeinflußt läßt (daher der Name camera obscura, Dunkelraum) und
- eine lichtempfindliche Schicht, die das Bild registriert, aufzeichnet und/oder weiterleitet.

Beim herkömmlichen Film besteht die lichtempfindliche Schicht aus einer Emulsion von Silberhalogeniden, also Brom-, Jod- oder Chlorsilberkristallen, die in einer Gelatineschicht eingebettet sind.

Farb- und Schwarzweißfilme unterscheiden sich dadurch, daß bei einem Farbfilm die Emulsionsschicht in drei Ebenen unterteilt ist. Durch dazwischenliegende Farbfilter ist die Durchlässigkeit für Licht nach Farben unterschiedlich. Jede Schicht enthält besondere, an die Silberhalogenide gebundene Farbkoppler, die bei der Entwicklung die Farbe (Dia) bzw. die Komplementärfarbe (Umkehrfilm) entstehen lassen. Die Feinheit der Silberhalogenidkörnchen und die Schichtdicke bestimmen, in wieviele Reiz-Reaktionen der Lichtimpuls aufgelöst werden kann.

Jedes Silberhalogenidkörnchen wird abhängig von der Lichtstärke angeregt und speichert diesen Impuls. Die chemische Veränderung wird durch die Entwicklung, zeitlich versetzt, sichtbar und dauerhaft gemacht.

Bei einer digitalen Kamera ist in der Filmebene statt eines vorbeigeführten Films eine Halbleiterplatte (CCD-Chip) angebracht oder es wird eine Sensorleiste über das entstehende Bild bewegt. Die Platte oder die Sensorleiste ist mit vielen nebeneinanderliegenden Fotozellen bestückt, die unabhängig voneinander jeweils einen Impuls registrieren und weiter-

Das menschliche Auge ist das Vorbild aller Kamerasysteme, egal ob herkömmlich oder digital.

leiten. Dieser Impuls wird digital abgespeichert, die Adressierung des Bildpunktes bleibt erhalten. Die digitale Aufnahmetechnik entwickelt sich rasch weiter. Schon bald wird der Punkt erreicht sein, an dem nicht nur die teuren professionellen Geräte an die Leistungsfähigkeit traditioneller Fotokameras heranreichen.

Ob die digitale Aufnahmetechnik die herkömmlichen Verfahren ablösen wird, ist nicht vorherzusagen.

Noch müssen Vorteile und Nachteile genau gegeneinander abgewogen werden. In jedem Fall ist es lohnend, sich mit dieser neuen Technik vertraut zu machen; sei es, um selbst davon Gebrauch zu machen oder auch nur, um zu wissen, welcher Gebrauch davon gemacht werden kann.

2. Buchaufbau

Das Buch gibt Ihnen zu Beginn jedes Abschnitts einen Überblick über die besprochenen Inhalte. Danach werden die einzelnen Punkte im Detail erläutert und anschaulich gemacht. Zusätzliche Kästen machen Basiswissen verfügbar und helfen Ihnen, die Themen zu wählen, die für Sie wichtig und interessant sind.

Der Aufbau des Buches folgt den drei Hauptschritten der digitalen Fotografie:

- ❏ Bilderfassung,
- ❏ Bildbearbeitung,
- ❏ Bildausgabe.

Das Kapitel »Bilderfassung« gibt Ihnen einen kurzen Überblick über die Entwicklungsgeschichte und die Perspektiven der digitalen Technik. Der Aufbau der digitalen Kamera und ihre Funktionsweise wird detailliert beschrieben. Das Kapitel schließt ab mit einem Abschnitt über Verfahren, die es ermöglichen, herkömmlich aufgenommene Bilder zu digitalisieren und damit der Weiterverarbeitung in Bildbearbeitungsprogrammen zugänglich zu machen.

Bilderfassung

Im Kapitel »Bildbearbeitung« sind alle wichtigen Grundlagen ausführlich dargestellt. Die wesentlichen Bearbeitungsschritte werden in Form eines kleinen Lehrgangs step by step vorgestellt, der es Ihnen erlaubt, auch ohne Vorkenntnisse schon bald Ihre Aufnahmen zu Ihren Bildern umzugestalten.

Bildbearbeitung

Im Kapitel »Bildausgabe« erfahren Sie alles, was Sie wissen müssen, um aus dem virtuellen Bild des Bildschirms ein reales Bild zu machen, das Sie in den Händen halten können. Neben den Grundkenntnissen der Rastertechnik und der Farbwiedergabe lernen Sie die verschiedenen Möglichkeiten kennen, aus Ihren Bilderwelten auch Wirklichkeiten werden zu lassen.

Bildausgabe

Ein ausführlicher tabellarischer Teil am Ende des Buches faßt die relevanten Daten der erhältlichen Kameras übersichtlich zusammen und erleichtert Ihnen Ihre Entscheidung beim Kauf einer Kamera.

Digitale Kameras

Bilderfassung

3. Vorstellung

Der Begriff digitale Fotografie ist eigentlich irreführend. Die Bilderfassung erfolgt elektronisch und analog. Die Daten werden erst anschließend digitalisiert. Der Begriff digitale Fotografie hat sich indess als Terminus technicus allgemein verbreitet.

Die digitale und die herkömmliche Aufnahmetechnik unterscheiden sich in der Art, wie die Lichtimpulse, die die Informationen eines zukünftigen Bildes mitbringen, registriert und diese Daten anschließend organisiert und verwaltet werden.

Auch die Verknüpfung der Produktion eines Farbbildes mit weiteren Arbeitsschritten und technischen Hilfsmitteln ist unterschiedlich, ebenso die Möglichkeit der Weiterverarbeitung und Archivierung des gewonnen Bildes.

Ein dritter großer Unterschied zwischen digitaler und herkömmlicher Fotografie sind die Möglichkeiten und Beschränkungen, denen eine Größen-veränderung (Vergrößerung bzw. Verkleinerung) unterliegt.

Die Möglichkeiten der digitalen Bildbearbeitung können sowohl für die digitale wie auch für die herkömmliche Fotografie ausgenutzt werden. Ebenso wie digitale Bilder auf Filme oder Fotopapier ausbelichtet werden können – bei der Herstellung der Druckfilme für den Zeitschriftendruck geschieht dies täglich – können herkömmliche Bilder leicht und in hoher Qualität mittels eines Scanners in digitale Bilddateien umgewandelt werden und stehen damit allen Bearbeitungs- und Weiterverwendungsmöglichkeiten offen.

Die Unterschiede zwischen den Aufnahmetechniken, was Zeitaufwand oder die Kosten für digitale und herkömmliche Bilder angeht, sind dagegen weniger aussagekräftige Kriterien. Sie werden in besonderen Fällen ein wichtiges wirtschaftliches Argument für eine Entscheidung für oder gegen ein bestimmtes Aufnahmeverfahren sein – für ihre Beurteilung ist ein Taschenrechner jedoch besser geeignet als ein Buch.

Licht und Sehen

Licht ist die wichtigste Voraussetzung für das Entstehen eines Bildes. Ohne Licht können wir nichts wahrnehmen, und ohne Licht kann auch kein fotografisches Bild entstehen, weder bei herkömmlicher noch bei digitaler Aufzeichnungsweise.

Sichtbares Licht

Licht ist, physikalisch gesehen, ein bestimmter Bereich elektromagnetischer Wellen, der sich nur durch die Länge seiner Wellen von Wärmestrahlung (Infrarot-Licht) oder Radiowellen unterscheidet. Auch für den darüber- und darunterliegenden Bereich (Infrarot, Ultraviolett) wird oft der Begriff Licht verwendet. Die Empfindlichkeit bestimmter Sensoren in der menschlichen Netzhaut für diese Wellenlängen macht die subjektive Empfindung von Helligkeit und Farbe aus. Die als sichtbares Licht erfahrene Strahlung umfaßt den Wellenlängenbereich von 380–780nm. Durch die unterschiedliche Brechung an einem Prisma können die einzelnen Wellenlängenbereiche des Lichts in die einzelnen (Spektral-)Farben aufgespalten werden. Sie erscheinen als Farbreihenfolge von violett über blau, grün, gelb, orange zu rot, kurzwellige Bereiche erscheinen blau, langwellige erscheinen rot. Das gleiche Prinzip liegt dem Regenbogen in der Natur zugrunde, der durch die Brechung des Sonnenlichts im Regentropfen entsteht.

Wahrnehmung des Lichtes

Nur etwa 10% des einfallenden Lichts werden im Auge zur Netzhaut geleitet, der Rest geht durch

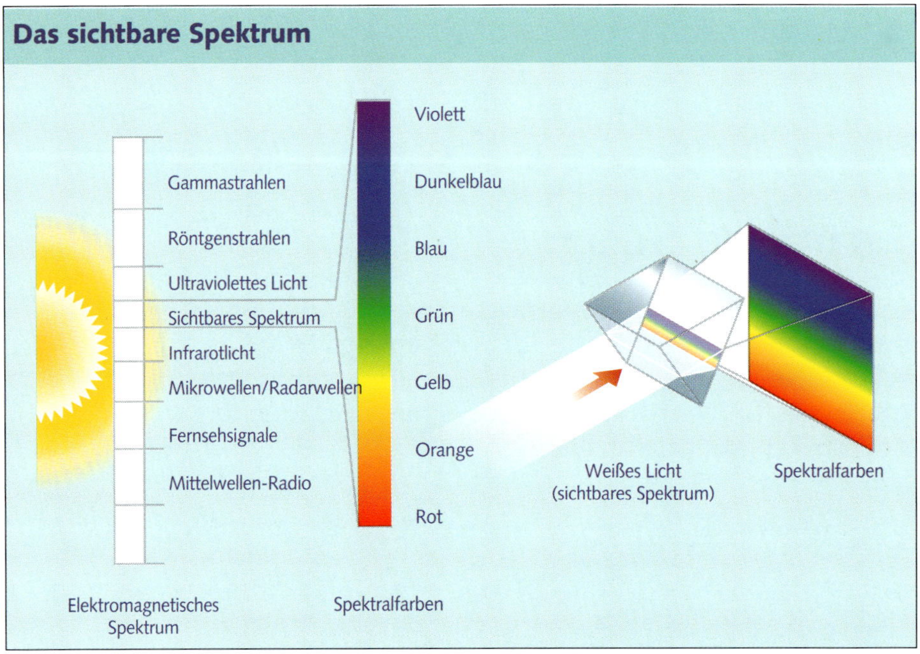

Physikalisch ist Licht elektromagnetische Energie. Der Mensch kann nur einen sehr begrenzten Bereich wahrnehmen (Bild: Agfa).

Streuung und Resorption innerhalb des Auges verloren.

Die Empfindlichkeit der Sensoren in der Netzhaut des Auges ist jedoch so hoch, daß sie schon durch einzelne Lichtquanten angeregt werden können. Mittels des lichtabsorbierenden Sehpurpurs wird der Lichteinfall in elektrische Impulse umgewandelt, die über die Nervenbahnen an das Gehirn weitergeleitet werden.

Formen der Wahrnehmung

Die Wahrnehmung von Licht ist in Helligkeitswahrnehmung und Farbwahrnehmung unterschieden, die nicht miteinander verbunden sein müssen. Bei geringer Intensität des Lichts, beispielsweise in der Dämmerung, ist die Fähigkeit, Farben wahrzunehmen und zu unterscheiden sehr gering. Bei hoher Lichtintensität hingegen dominiert die Farbwahrnehmung.

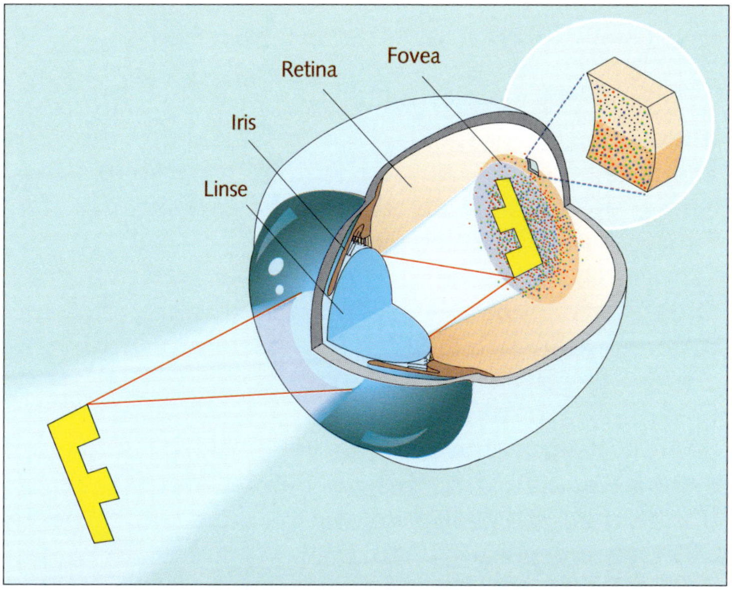

Das menschliche Auge ist mit etwa 130 Millionen lichtempfindlichen Sensoren ausgestattet.
Bis zu zwei Millionen Farbabstufungen können von ihnen unterschieden werden (Bild: Agfa).

Lichtrezeptoren

Es gibt in der Netzhaut zwei Arten von Lichtrezeptoren: etwa 110–120 Millionen Stäbchen, die auf Helligkeitsveränderungen reagieren und circa 5–6 Millionen Zapfen, die für die Wahrnehmung der Farben verantwortlich sind.

Die verschiedenen Sensoren sind in der Netzhaut unterschiedlich verteilt. Die farbempfindlichen Zapfen liegen in der Netzhautgrube (Fovea), dem Ort der größten Sehschärfe, besonders dicht gedrängt. Einzelne Zapfentypen registrieren rot, grün oder blau. Im übrigen Bereich der Netzhaut dominieren die Stäbchen. Sie reagieren auch noch auf sehr geringe Lichtreize. Die Netzhaut ist dadurch in zwei Bereiche aufgeteilt: ein farbempfindliches Zentrum mit hoher Detailgenauigkeit (Auflösung) und eine Peripherie, die besonders empfindlich auf Helligkeitsabstufungen reagiert.

Die verschiedenen Sensorzellen reagieren unterschiedlich auf bestimmte Lichtanteile. Zapfen sprechen vorwiegend auf den gelb-grünen Bereich des Spektrums an, Stäbchen mehr auf den blau-grünen Lichtanteil. Helligkeitsunterschiede im grün erscheinenden Wellenlängenbereich werden daher besonders deutlich wahrgenommen.

Beide Arten der Sensoren vermerken nur den Intensitätsunterschied der einzelnen Helligkeitsanteile. Erst sekundär werden sie als Farbe interpretiert. Abhängig von der Menge des Lichteinfalls (Helligkeit) entstehen unterschiedliche Wahrnehmungen.

Eine rote und eine blaue Kugel, die bei Tageslicht gleich hell erscheinen, werden in der Dämmerung unterschiedlich wahrgenommen. Die rote Kugel erscheint schwarz und dunkel, die blaue Kugel erscheint hingegen silbrig hell, da die Stäbchen, die bei geringem Streulicht noch reagieren, für die blau-grünen Lichtanteile empfindlicher sind.

Herkömmliche Fototechnik

Bilderfassung

Beim herkömmlichen Bild wird die Information, die durch Blende und Linse auf der Filmebene ankommt, in den Silberhalogenidkristallen gespeichert.

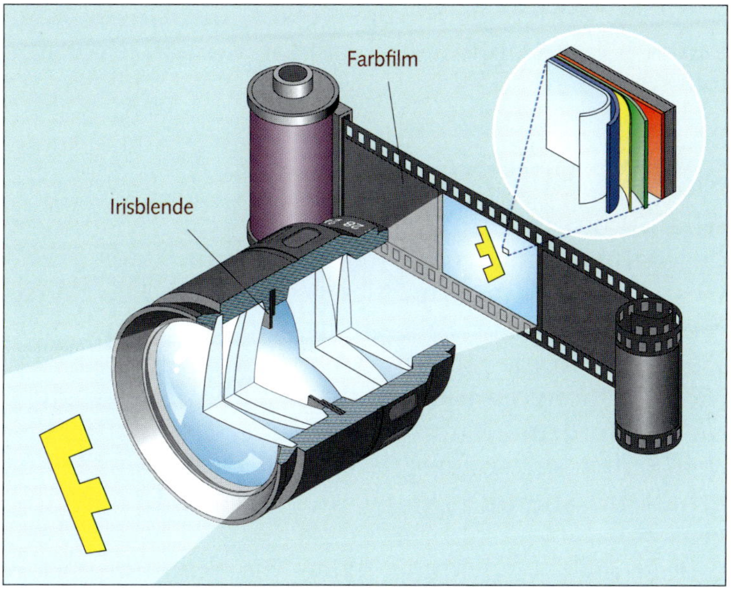

Statt auf der Netzhaut wird bei der Kamera das Bild auf einem Film registriert (Bild: Agfa).

Unabhängig von den gegebenen Bedingungen der Aufnahme ist die Belichtungszeit immer gleich der Speicherzeit. Die Entwicklungszeit muß zusätzlich dazugerechnet werden, da erst sie aus dem belichteten Film das Negativ oder das Diapositiv entstehen läßt.

Auflösung, Konturenschärfe, Kontrastwiedergabe und Empfindlichkeit (siehe Kasten) sind vom verwendeten Objektiv und der Art des Filmmaterials abhängig. Sie haben keinen entscheidenden Einfluß auf die benötigte Aufnahme- und Speicherzeit. Der Film ist Sensor und Speicher zugleich.

Registrierung der Information

Die Farbinformationen werden als Helligkeitswerte in den durch Farbfilter voneinander unterschiedenen Filmschichten gespeichert.

Die Informationen werden nicht in einzeln angesprochenen Bildpunkten, sondern in Bildpunktfeldern oder Helligkeitsfeldern angelegt. Größe und Beschaffenheit des Korns bestimmen die Menge der aktivierten Bildpunkte und deren Empfindlichkeit (siehe Kasten) für die Lichtimpulse. In den einzelnen Schichten liegen die Filmkörner nicht nur nebeneinander, sondern, abhängig von der Schichtdicke, auch übereinander. Dadurch sind hohe Detailauflösungen möglich, andererseits die Gefahr für Ungenauigkeiten (Überstrahlungen, Lichthof, Kornabzeichnungen) gegeben.

Speicherung der Informationen

Alle Bildinformationen werden bei der Belichtung des Films gleichzeitig (simultan) mit der Aktivierung der Filmkornfelder gespeichert. Die Werte für die einzelnen Farbkanäle rot, grün und blau werden also gleichzeitig abgespeichert. Sie stehen nicht nebeneinander, sondern überlagern sich, da die Informationen in den übereinanderliegenden Schichten angelegt werden. Sie bleiben latent erhalten, solange keine neuerliche Belichtung erfolgt.

Erst die Entwicklung fixiert die Bildinformation und läßt je nach Filmtyp ein dauerhaftes Positiv oder Negativ entstehen. Diapositive und Filmnegative sind zugleich Endprodukt und Speichereinheiten für die Archivierung.

Bildausgabe

Der Abzug auf Papier macht die Bilder zugänglich und verfügbar.

Die Vergrößerung und Verkleinerung der Bilder erfolgt auf optischem Weg und führt erst bei sehr großen Vergrößerungs- oder Verkleinerungsschritten zu deutlichen Veränderungen der Bildinformation. Diese ist weitgehend von der physikalisch-chemischen Beschaffenheit des verwendeten Ausgangsmaterials (Film) und des Ausgabematerials (Fotopapier) abhängig. Innerhalb dieses Spielraums sind alle Vergrößerungs- oder Verkleinerungsfaktoren darstellbar.

Verkleinerung und Vergrößerung erfolgen zugleich mit der Ausgabe des Abbilds, Veränderungen am Bild sind nur durch Techniken in der Dunkelkammer bei der Belichtung und Entwicklung der Abzüge möglich.

Die Einflußnahme erfolgt flächig entweder auf Bildbereiche beschränkt (Abwedeln, Nachbelichten) oder ist auf das Bild als ganzes bezogen (Papiere, Entwickler, Toner).

Liegen die Aufnahmen in digitaler Form als Bilddatei vor, gleichgültig, ob sie elektronisch oder herkömmlich erfaßt worden sind, bieten sich eine Menge von Bearbeitungsmöglichkeiten, zugleich sind digitale Bilddateien aber auch deutlichen Einschränkungen unterworfen.

Aufbau einer Kamera

Die wesentlichen Baugruppen einer Kamera sind für herkömmliche und digitale Kameras gleich:

- verstellbares oder starres Objektiv mit Linsensystem und Blendenring,
- aufziehbarer Verschluß mit verschiedenen Öffnungszeiten und Auslösung (außer bei Scannerkameras),
- Sucher zur Festlegung des Bildausschnitts,
- Filmführung und Filmtransporteinheit zum sicheren Halt und Wechsel von einem Bildsegment des Films zum nächsten bzw. CCD-Flächensensor oder CCD-Sensorleiste, welche die Bildimpulse registrieren und über einen Analog-Digital-Wandler in einer zusätzlichen Speichereinheit abspeichern,
- Iris-Blende, um die einfallende Lichtmenge zu steuern,
- Suchereinrichtung, um den Bildausschnitt zu bestimmen. Die Erfassung des Bildausschnitts erfolgt entweder über Spiegel und Prisma direkt durch das Objektiv (Spiegelreflexkamera) oder durch eine gesonderte, einfachere Sucheroptik. Bei digitalen Chipkameras kommt es oft zu einer

Abweichung des Bildes vom Sucherausschnitt. Man bezeichnet diesen Effekt fälschlich als »Brennweitenverlängerung« (siehe Kasten).

Kameratechnik

Kameras, ob klassisch oder digital, sind dem menschlichen Auge nachempfundene Systeme. Ein Objektiv konzentriert die Reflexionen eines Objekts auf eine lichtempfindliche Schicht. Der Strahlengang des Lichts wird durch die Linse gebrochen und das Bild erscheint in der Filmebene auf dem Kopf stehend. Bei der konventionellen Fotografie ist der Film Sensor und Speichermedium. Bei der digitalen Fotografie sind diese beiden Funktionen räumlich getrennt: Ein hochempfindlicher Sensor registriert die einlaufenden Impulse und eine Speichereinheit (PC-Karte, Festplatte) speichert die digitalisierten Daten. Manche Kameras erlauben es, sofort auf einem Display das mögliche oder bereits aufgenommene Bild zu betrachten.
Über eine Schnittstelle an der Kamera läßt sich ein aufgenommenes Bild direkt auf einen Computer übertragen, am Monitor anzeigen oder über einen Drucker ausgeben.

Bildvorschau und Sucher

Wie bei der herkömmlichen Kamera dient der Bildsucher dazu, einen Bildausschnitt auszuwählen. Digitalkameras sind entweder mit den einfachen Suchern der Kompaktkameras ausgerüstet, legen den Bildausschnitt wie bei der Spiegelreflexkamera üblich durch das Objektiv fest oder arbeiten die neue Technik nutzend, mit Flachbildschirmen (LC-Displays).
Die meisten digitalen Kompaktkameras sind wie ihre konventionellen Geschwister mit einer gesonderten, von der Aufnahmeoptik getrennten, Sucheroptik ausgerüstet. Die Sucheroptik vermag jedoch nicht, die Blickwinkelverengung (siehe Kasten) einer Digitalkamera zu korrigieren. Der Bildausschnitt des aufgenommenen Bildes fällt

daher kleiner aus als die Anzeige im Sucher. Bei einäugigen Spiegelreflexkameras wird das Sucherbild durch das Objektiv gewonnen, durch das auch der Sensor belichtet wird. Auch bei diesem System muß eine Verkleinerung des im Sucher erfaßten Bildausschnitts durch eine Maske erfolgen. Eine exakte Übereinstimmung zwischen Sucherbild und aufgenommenen Ausschnitt gewährleisten lediglich die Flachbildschirme (LCD). Sie zeigen unmittelbar das auf den Sensor auftreffende Bild an, allerdings ohne es zu speichern, solange bis der Auslöser betätigt wird. Über diese Mini-Monitore auf der Rückseite einzelner digitaler Kameras kann nicht nur ein Bildausschnitt, sondern auch ein bereits abgespeichertes Bild wiedergeben werden.

Blende und Verschluß

Die ins Objektiv integrierte Blende besteht aus verstellbaren Lamellen. Vergleichbar der menschlichen Pupille schafft sie eine runde Öffnung, deren Durchmesser beliebig variiert werden kann. Durch die Größe der Blendenöffnung läßt sich die Menge der Lichtstrahlen, die auf den lichtempfindlichen Sensor auftreffen, beeinflußen.
Das Ausmaß der Blendenöffnung wird als Blendenzahl angegeben. Die Skala der Standardblendenstufen umfaßt die Öffnungszahlen 1; 1,4; 2,8; 5,6; 8; 11;

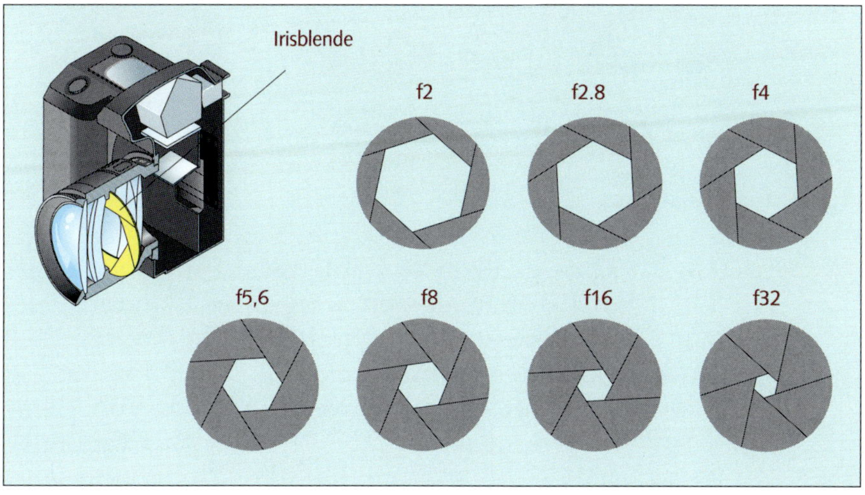

Eine in das Objektiv eingebaute Irisblende verfügt über eine Reihe von Blendeneinstellungen (Blendenstufen), bei denen die effektive Öffnung schrittweise um den Faktor 2 variiert. Die mit einer bestimmten Blendenstufe erhaltene Belichtung ist bei allen Objektiven gleich. (Bild: Agfa)

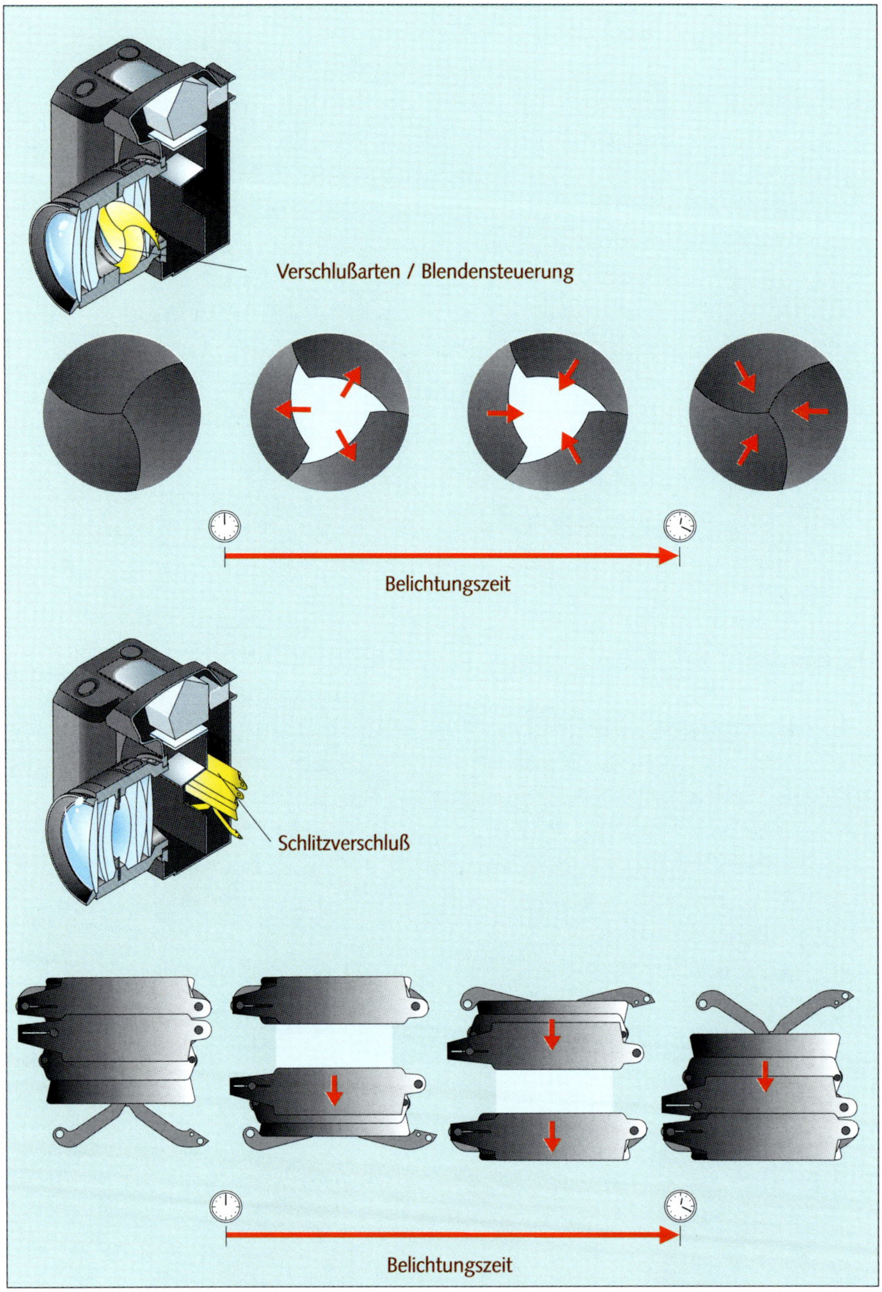

Ein Lamellenverschluß in einer Kamera mit festem Objektiv dient auch als Iris-Blende, die sich nur auf den vorgegebenen Blendenwert öffnet. (Bild: Agfa)

Ein Schlitzverschluß im Kameragehäuse vor der Schärfenebene ist bei Wechselobjektiven praktischer. Zwei separate Lamellengruppen bewegen sich über die Bildfläche und lassen einen schmalen Schlitz offen, durch den der Film belichtet wird. (Bild: Agfa)

16; 22; 32. Je größer der Zahlenwert, umso weniger Licht wird durchgelassen. Von einer Blendenstufe zur nächsthöheren verdoppelt sich die Menge des durchgelassenen Lichts.
Die einstellbaren Blendenwerte hängen von dem verwendeten Objektiv ab. Nicht alle Objektive

erlauben die Verwendung aller möglichen Blendenstufen.
Bei weit entfernten Objekten ist durch das Umgebungslicht ein großer Lichteinfall gegeben, die einfallende Lichtmenge muß daher begrenzt, die Blendenöffnung kleingehalten werden. Dadurch wird eine Überbelichtung vermieden.
Durch kleine Blenden kann die Tiefenschärfe günstig beeeinflußt und der Unschärfebereich eingegrenzt werden. Die Tiefenschärfe ist vom Winkel abhängig, mit dem das Licht auf der Filmebene auftrifft. Spitze Lichtkegel schaffen größere, breite Lichtkegel geringere Tiefenschärfe. Außer von der Blende ist der Lichtkegel und damit die Tiefenschärfe von der Brennweite und der Aufnahmeentfernung bestimmt.

Verschluß

Die Lichtmenge wird zusätzlich durch die Belichtungszeit eingegrenzt. Die Belichtungszeit wird durch den Verschluß gesteuert. Grundsätzlich unterscheidet man zwischen zwei Verschlußformen, dem Schlitzverschluß und dem Zentralverschluß (Lamellenverschluß).
Der hinter dem Objektiv angebrachte Schlitzverschluß findet sich bei Kleinbildkameras, der in das Objektiv integrierte Zentralverschluß vorwiegend bei Mittelformat- und Studiokameras. Bei Scannerkameras ist der Verschluß praktisch unnötig, die Belichtungszeit für jede Bildzeile wird durch den Schrittmotor bestimmt. Der Vorteil eines Zentralverschlußes ist, daß alle Öffnungszeiten auch die kleinste, mit Blitzlicht genutzt werden kann. Die Skala der Verschlußzeiten reicht von 30 Sekunden bis zu 1/8000 Sekunden bei Spezialkameras.

Vollautomatisch bis manuell

Kleinbildkameras werden meist mit einer Programmautomatik angeboten. Blendenöffnung und Verschlußzeit werden von der Kamera vollautomatisch eingestellt, was insbesondere bei Aufnahmen, die schnell erfolgen sollen, hilfreich ist. Bei halbautomatischen Kameras kann die notwendige Verschlußzeit oder Blendenöffnung manuell bestimmt werden, die Kamera ergänzt den fehlenden Parameter (Blenden- bzw. Zeitautomatik). Manche Digitalkameras bieten die Wahl zwischen automatisch, halbautomatisch und manuell.

Objektive für Kleinbildkameras. (Bild: Agfa)

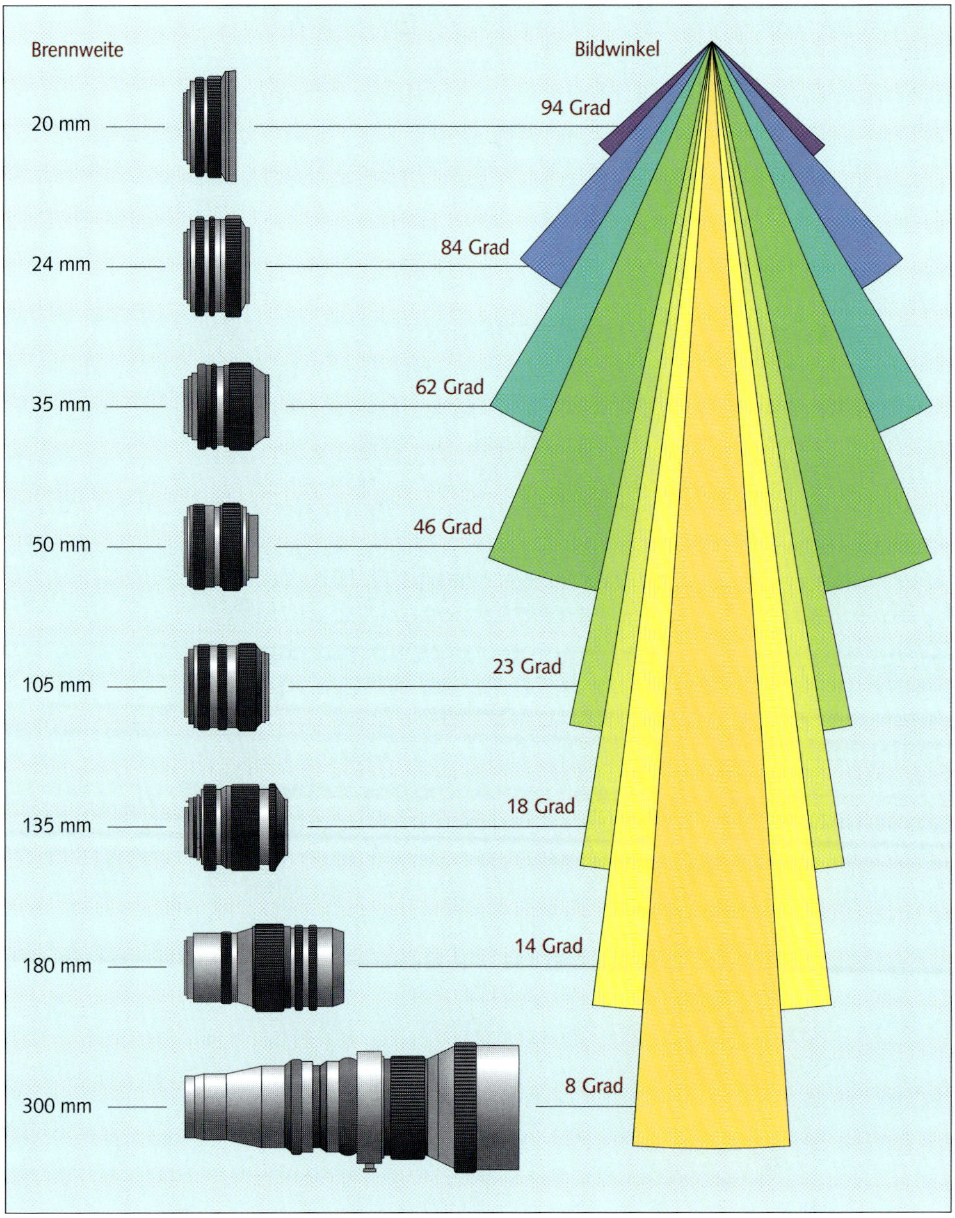

Objektive

Objektive bestehen aus einem System einzelner Linsen. Durch Form und Wölbung kann, wie beim menschlichen Auge, die Brennweite variiert werden. Objektive mit verschiedenen Brennweiten erlauben es, den Blickwinkel zu verändern und damit weit entfernte oder ganz nahe Objekte zu erfassen.
Digitale Kompaktkameras, die mit fest eingebauten Objektiven ausgestattet sind, erlauben keinen Wechsel der Brennweiten, Kameras mit Zoomfunktion oder Wechselobjektiven ermöglichen eine Veränderung der Brennweiten.
Grundsätzlich wird zwischen Objektiven mit Standard- oder Normalbrennweite, Weitwinkel- und Teleobjektiven unterschieden.
Standardobjektive ergeben Bilder, die der menschlichen Wahrnehmung entsprechen. Ihre Brennweite entspricht in der Regel der Diagonale des Bildformats. Bei Weitwinkelobjektiven ist die Brennweite kürzer als die Standardbrennweite. Der Blickwinkel ist dadurch vergrößert. Bei Teleobjektiven hingegen ist die Brennweite gegenüber der Standardbrennweite verlängert und der Blickwinkel verengt.
Ob ein Objektiv als Normal-, Weitwinkel- oder Teleobjektiv einzustufen ist, hängt nicht nur von der verwendeten Optik des Objektivs ab, sondern auch von der Größe des Aufnahmeformats in der Filmebene. Das fälschlich als »Brennweitenverlängerung« (siehe Kasten) bezeichnete Phänomen bewirkt, daß beispielsweise Normalobjektive von herkömmlichen Kameras bei digitalen Kameras zu leichten Teleobjektiven werden, Weitwinkelobjektive zu Normalobjektiven.

Digitale Aufnahmeverfahren

Bilderfassung

Beim digitalen Bild wird die Information durch die Blende und das Objektiv auf der Sensorplatte oder in der Sensorleisten-Ebene fokussiert. Sie wird durch

Bei der elektronischen Bilderfassung registrieren Sensorzellen das einfallende Licht (Bild: Agfa).

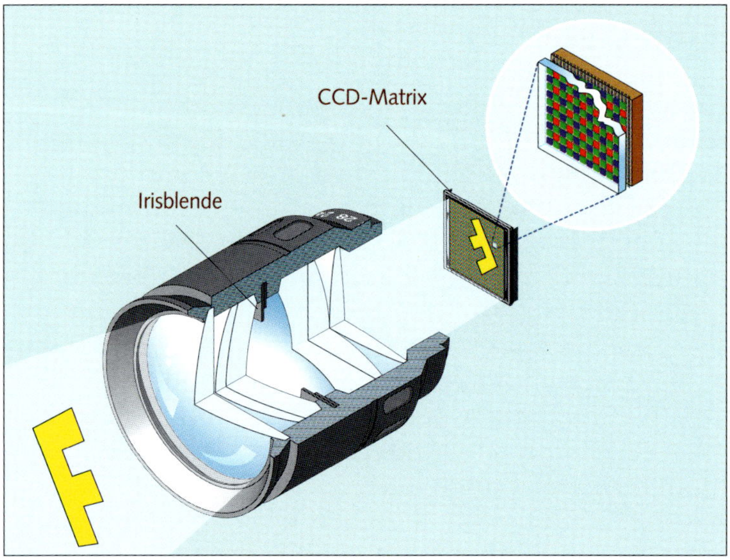

die Aktivierung der einzelnen Sensorzellen registriert und durch einen Analog-Digital-Wandler in digitale Impulse umgewandelt. Die Umwandlung in digitale Daten und die Speicherung benötigen zusätzlich Zeit. In der Speicherphase ist die Kamera nicht aufnahmebereit.

Auflösungsvermögen, Konturenschärfe, Kontrastwiedergabe und Empfindlichkeit (siehe Kasten) werden nicht allein von der Qualität des Linsensystems bestimmt. Sie werden in noch weitaus höherem Maße von der Qualität, Größe und Form des Sensors oder der Sensorleiste beeinflußt.

Das Bild wird in meist quadratische Einzelpunkte zerlegt und jeder Bildpunkt (Pixel) wird einzeln angesprochen (adressiert). Die physikalische Auflösung der Kamera ist – auch bei Wechselrückteilen – durch die Anzahl der Einzelelemente auf der Chip-Platte oder der Sensorleiste festgelegt.

Registrierung der Information

Bei der Aufnahme wird der Wert jedes einzelnen Bildpunktes ermittelt und aufgezeichnet. Hochqualitative Kameras erfassen für jeden Bildpunkt gesondert die Helligkeitswerte für rot, grün und blau. Einfache Kameras ermitteln für jeden Bildpunkt einen oder zwei der möglichen Helligkeitswerte und berechnen die fehlenden Daten aus dem Durchschnitt der Umgebungsfarben (Farbinterpolation).

Alle physikalischen Bildpunkte mit den Helligkeitswerten für die rot, grün und blau erscheinenden Wellenlängenbereiche werden in einer Bilddatei gespeichert.

Für die Brauchbarkeit einer Bilddatei ist es entscheidend, daß alle Informationen geordnet erhalten bleiben.

Speicherung der Information

Die Bildinformationen werden in einem von der Sensoreinheit unabhängigen Speicher linear angeordnet, das heißt die einzelnen Werte werden wie in einer Perlenkette aufgereiht.

Meist wird die Bilddatei in einem kleinen Speicher (Laufwerk) in der Kamera zwischengespeichert. Wechsellaufwerke und direkte Datenleitungen zu einem Computer erleichtern die Speicherung größerer Datenmengen.

Bei der Speicherung der Bilder ergeben sich einfache rechnerische Probleme, da mit zunehmender Farbtiefe der Speicherbedarf exponential, also im Quadrat, ansteigt. Die Speicherdauer wird dadurch ebenfalls wesentlich verlängert.

Schärfe und Empfindlichkeit

Schärfe

Die Bestimmung der **Schärfe** eines Bildes bezieht sich auf verschiedene Faktoren. Sie wird von der Struktur des Films oder der Sensoreinheit ebenso beeinflußt wie von der Güte des Objektivs. Meßbar ist immer nur eine Leistung des Systems Kamera: Objektiv – Film bzw. Sensor.

Kenngrößen sind:
- ❑ Auflösungsvermögen,
- ❑ Kontrastwiedergabe (Gradation) und
- ❑ Konturenschärfe bzw. Dynamikbereich.

Auflösung

Die **Auflösung** ist das Vermögen, dicht nebeneinanderliegende Details getrennt voneinander wiederzugeben. Das Auflösungsvermögen wird in Linien pro mm (l/mm) angegeben. Bei Geräten in der Computerperipherie sind auch Linien pro inch (lpi) gebräuchlich. Nicht damit zu verwechseln ist die häufig verwendete Angabe der Bildpunkte (dots) pro inch (dpi).

Filme erreichen, abhängig von der Korngröße, Werte von 80 -180 l/mm, Spezialfilme bis 250 l/mm und nasse Silberjodidplatten bis zu 800 l/mm.

Gute Objektive können etwa 500 l/mm auflösen. Ein High-End-Belichtungsgerät mit 6500 dpi bringt es auf 127 l/mm.

Im Druck sind die Auflösungsvermögen sehr viel kleiner. Zeitungsdruck liegt bei 3 l/mm, guter Offsetdruck bei 6-8 l/mm. Ein 600 dpi Laserdrucker kann bei Schwarzweißdarstellungen maximal 12 l/mm ausgeben. Bei Farbausgabe reduziert sich die Auflösung nochmals drastisch.

Das menschliche Auge kann aus 25 cm Entfernung noch etwa 5 l/mm unterscheiden.

Ein guter Computerbildschirm löst mit 2 l/mm auf.

Die Angaben sind nicht unmittelbar vergleichbar, da die einzelnen Auflösungsvermögen unterschiedlich bestimmt und festgelegt werden.
Bei Film- und Objektivauflösungen werden Idealbedingungen und höchstauflösende Mikroskopobjektive vorausgesetzt. Die Werte geben nur die technisch maximal erreichbare Auflösung wieder.

Kontrastwiedergabe

Kontrastwiedergabe ist das Vermögen, voneinander unabhängige Tonwertabstufungen darzustel-

len. Die Tonwertabstufungen des von einem Objekt reflektierten Lichts können auf einem Film oder einem CCD-Sensor nicht genau registriert werden. Die Abstufungen werden daher gröber. Das Verhältnis der Kontraste am Objekt und den Kontrasten im herkömmlichen oder digitalen Bild kann in Gradationskurven anschaulich gemacht werden.
Die Kontrastwiedergabe ist für die Bildintensität entscheidend. Ein Bild mit höherer Auflösung und geringerer Kontrastwiedergabe wird schlechter empfunden als ein Bild mit geringerer Auflösung, aber guter Kontrastwiedergabe.

Konturenschärfe

Konturenschärfe bezeichnet die meßbare Schärfe der Begrenzungslinien zwischen hellen und dunklen Bildteilen. Da Filme Bildelemente nicht als Linien oder Punkte, sondern, vereinfacht gesagt, als Flächen eines Farbtons speichern und wiedergeben, »verläuft« eine Kante zwischen den verschiedenen Tonwerten, sie wächst in den anderen Tonwertbereich hinein. Die Konturenschärfe gibt an, wie scharf oder verlaufend die Begrenzung einer Linie oder Kante gegen ein anderes Tonwertfeld ist.
Bei Filmen ist die Konturenschärfe von der Körnigkeit und der Schichtdicke abhängig, beim digitalen Bild von der Bildpunktgröße und dre Rastermatrix.
Bei der Registrierung der Helligkeitsimpulse mit einem elektronischen Bauteil entspricht die Konturenschärfe etwa dem Signal-Rausch-Abstand oder dem Dynamikbereich des Sensors. Man bezeichnet damit die Fähigkeit einer Sensorzelle, getrennte Signale einzeln und unverzerrt (durch Umgebungsimpulse etwa) aufzuzeichnen.

Empfindlichkeit

Unter **Empfindlichkeit** versteht man den Grad der Ansprechbarkeit eines Lichtsensors (Film, CCD-Sensor) für die einzelnen Wellenlängenbereiche des Lichts.
Diese Empfindlichkeit wird in ISO-Werten angege-

ben und ist unabhängig von Blende und Objektiv. Bei Filmen ist sie abhängig von der Körnung. Mit zunehmender Korngröße der Silberhalogenidkristalle nimmt die Empfindlichkeit zu, die Auflösung und die Schärfe hingegen ab.
Beim CCD-Sensor ist die Empfindlichkeit von der technischen Beschaffenheit der einzelnen Sensorzellen und der verwendeten Sensorgröße abhängig. Sie ist feststehend und kann nur durch Rechenoperationen verändert werden.

Bildwiedergabe

Für die Bildausgabe oder Bildweiterverarbeitung müssen die Bilddateien in den meisten Fällen auf einen Rechner übertragen werden.

Dies erfolgt über verschiedenartige Datenleitungen, die sich in der möglichenÜbertragungsgeschwindigkeit unterscheiden, abhängig von den technischen Gegebenheiten des verwendeten Datenbusses.

Die Bildwiedergabe erfolgt – nach technischer Bauart – manchmal auf einem LC-Display (Liquid Cristall Display, LCD), der zu der Kamera gehört und auch als Sucher benutzt werden kann, oder auf einem Computermonitor. Es handelt sich dabei aber nur um temporäre Bilder, die mit dem Ausschalten des Bildschirms oder dem Beenden des Programms erlöschen. Erst der Ausdruck auf Papier macht das Bild als Bild dauerhaft.

Digitale Daten sind immer abgestuft, die »Feinheit« der Abstufung bestimmt die Auflösung. Jeder einzelne Bildpunkt ist einzigartig, er ist einzeln ansprechbar und enthält eine nur für diesen Bildpunkt geltende Information. Dadurch sind Veränderungen zielsicher auf einzelne Bildpunkte oder Bildpunktmengen zu beschränken, durch das Vorliegen als numerischer Wert sind alle erdenklichen rechnerischen Manipulationen möglich.

Dadurch, daß jeder Bildpunkt einzeln im Bild ansprechbar und festgelegt ist, ergeben sich Schwierigkeiten bei Vergrößerung und Verkleinerung. Es müssen entweder Bildpunkte eingefügt werden oder es müssen Bildpunkte entfallen. Die eingefügten

Bildpunkte enthalten keine eigene Information, sondern werden aus den umgebenden Bildpunkten errechnet. Beim Entfallen von Bildpunkten geht die Information des Bildpunktes verloren bzw. wird in die umgebenden Bildpunkte eingerechnet, wodurch deren physikalisch ermittelte Information verändert wird. Dadurch verschiebt sich in jedem Fall die Adressierung der Bildpunkte im Bildpunktfeld. Bei ganzfaktorigen Änderungen 1/3x, 1/2x bzw. 2x, 3x usw. bleiben die Bildpunktinformationen erhalten, nur die Adressierung muß verändert werden, bei anderen Vergrößerungs- oder Verkleinerungsfaktoren müssen Adresse und Information verändert werden.

Bildausgabe

Die Bildausgabe erfolgt beim digitalen Bild in einem gesonderten Schritt. Die Qualität der Bildausgabe ist daher von dem jeweils verwendeten Medium (Monitor, Farbdrucker, Druckfilm) abhängig. Der Vorteil digitaler Bilddateien liegt darin, daß sie für alle Ausgabemedien gleich und schnell verfügbar sind. Dadurch, daß die Anforderungen an Auflösung, Farbtiefe und Schärfe (je nach gewünschter Ausgabeart) sehr unterschiedlich sind, macht die Breite der Nutzbarkeit auch eine Menge von Veränderungen erforderlich. Sogar das System der Farbdarstellung muß zwischen Druck- und Bildschirmausgabe gewechselt werden. Die Anpassung erfordert umfangreiche Bildberechnungen und bringt durch den oft damit verbundenen Datenverlust auch einige Nachteile mit sich.

Brennweitenverlängerung

Mit Brennweitenverlängerung wird eine Erscheinung bei digitalen Kameras mit Flächensensor der Unter- und Mittelklasse beschrieben. Sie entspricht der erweiterten Brennweite eines Objektivs bei herkömmlichen Kameras. Die Bezeichnung »Brennweitenverlängerung« ist eigentlich falsch, in Wirklichkeit handelt es sich um eine Verengung des Blickwinkels.

Bei den einfachen digitalen Kameras entsteht dieses Phänomen aufgrund des technisch bedingten Größenunterschieds zwischen Sensorplatte und Kleinbildformat. Die Kosten und Bauelementeigenschaften begrenzen die Größe der meisten CCD-Flächensensoren auf ein Format, das mit 1/3" oder 16 x 21 mm deutlich kleiner ist als das Negativformat 36 x 24 mm. Mit etwa einem Viertel der Seitenlängen ergibt das eine Fläche, die 1/16 der Filmfläche ausmacht.

Bei der herkömmlichen Fotografie gilt die Faustregel, daß die Brennweite in etwa der Diagonale des Negativformats entspricht. Kameras, die für die digitale Aufnahme umgerüstet wurden, deren Gehäuse und Optik also nur modifiziert wurden, stimmen in Brennweite und Bilddiagonale nicht überein. Auf dem Flächensensor wird nur der mittlere Bildausschnitt erfaßt, der für die gleiche Ausgabegröße wie bei einem Abzug vom Filmnegativ vergrößert werden muß. Das Bild wirkt, als sei es mit einem Objektiv größerer Brennweite (Teleobjektiv) erfaßt.

Einfachere Kameras mit Objektiven fester Brennweite zeigen den Effekt der »Brennweitenverlängerung« am deutlichsten. Eine »Brennweitenverlängerung« bewirkt bei diesen Kameras meist auch

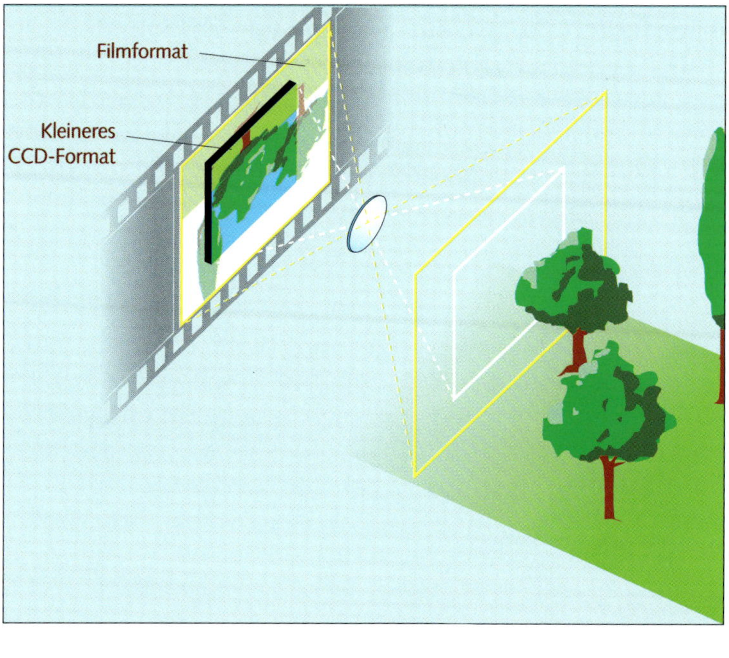

Wird eine konventionelle Kamera für die digitale Fotografie modifiziert, kann es sein, daß der CCD-Sensor kleiner als das Filmformat ist. Hieraus ergibt sich ein enger Bildwinkel, was einen ähnlichen Effekt wie die Verwendung eines Objektivs mit längerer Brennweite für das ursprüngliche Filmformat hat. Es entsteht eine scheinbare Brennweitenverlängerung. (Bild: Agfa)

eine Veränderung des Bildausschnitts im Sucher, da der erfaßte Bildausschnitt meist auf das Kleinbildformat abgestimmt ist. Die Reduzierung des Bildwinkels wird bei Spiegelreflexkameras durch eine Maske oder einen Rahmen korrigiert.
Die »Brennweitenverlängerung« kann durch eine Zusatzlinse (Kondensorlinse) hinter dem Objektiv korrigiert werden. Die Zusatzlinse fokussiert das Bild auf die Größe der Sensorplatte. Die Verwendung einer Kondensoroptik führt jedoch zu einer geringeren Lichtausbeute und grenzt damit die verwendbare Blendengröße ein.
Bei Kameras mit Wechselobjektiven ist das Phänomen leicht zu korrigieren, indem ein Objektiv mit kürzerer Brennweite verwendet wird. Durch die »Brennweitenverlängerung« können folglich teure Objektive mit langen Brennweiten durch kostengünstigere Objektive mit kürzerer Brennweite ersetzt werden. Der einzige Nachteil der »Brennweitenverlängerung« liegt darin, daß extreme Weitwinkelaufnahmen mit digitalen Kameras nicht oder nur mit großem Aufwand gemacht werden können.
Bei Kameras im professionellen Bereich, bei denen die Chipgröße und damit die erfaßte Fläche dem normalen Negativformat entspricht oder bei Scannerkameras tritt der Effekt der »Brennweitenverlängerung« nicht oder nicht so stark auf.

Fotografie im Wandel (Bild: Agfa).

Konventionelle Methode

Bilderfassung

Um ein Bild auf Film aufzunehmen, stehen verschiedene Kameras, Filmsorten, Filmempfindlichkeiten usw. zur Verfügung. Die Entscheidung für bestimmte Mittel und Materialien richtet sich nach den örtlichen Gegebenheiten wie Beleuchtungsbedingungen und Motiv, aber auch nach dem gewünschten Ergebnis, d.h. Positiv- oder Negativfilm, Papierbild oder Dia.

Filmentwicklung

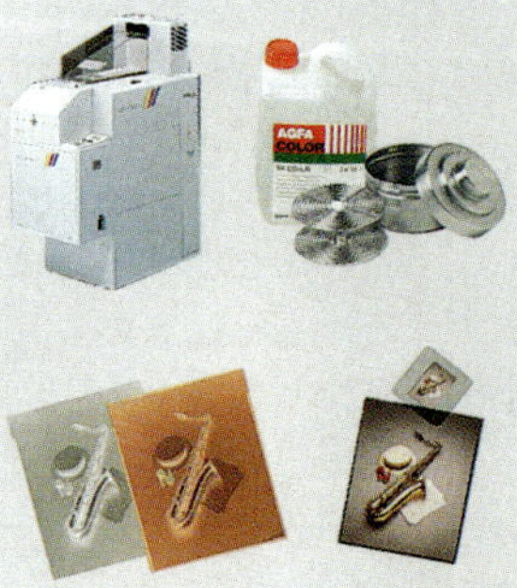

Der Film muß entweder manuell oder automatisch in den entsprechenden Chemikalien entwickelt werden. Die Art des Ergebnisses (Schwarzweiß oder Farbe, Positiv oder Negativ, Dia oder Papierbild) richtet sich nach dem verwendeten Filmmaterial, das entwickelt wird.

Vergrößern/Printen auf Fotopapier

Vom Negativfilm werden die Abzüge oder Prints mit einem Vergrößerungsgerät angefertigt. Hierbei wird der Film auf lichtempfindliches Papier (oder ein anderes Material) belichtet. In dieser Phase kann der Bildausschnitt bestimmt werden, Farbkorrekturen sind möglich, und Fehler im Negativ lassen sich mit Techniken wie »Abhalten und Nachbelichten« oder Maskieren beseitigen.

Digitale Methode

Bilderfassung

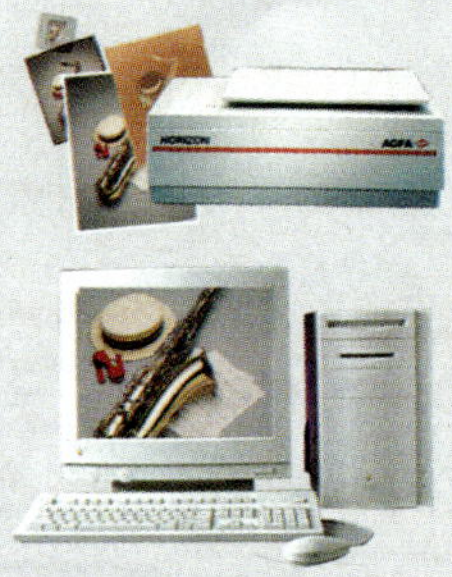

Scannen
Scanner dienen zur Digitalisierung von Papierbildern oder Dias, um sie mit Computerprogrammen besser verarbeiten zu können. Abhängig von den verwendeten Geräten können Auflösung und Bildschärfe variieren.

Digitale Kameras
»Filmlose« oder digitale Bilderfassungsgeräte zeichnen Bilder in elektronischer Form als numerische Datenbits auf, die in dieser Form direkt zur Übertragung an einen Computer zwecks Anzeige und Bearbeitung gespeichert werden können. Auflösung und Farbumfang werden weitgehend durch die Leistungsmerkmale der digitalen Kameras und der zugehörigen Software bestimmt.

Ausgabe

Entwicklung des Papierbildes

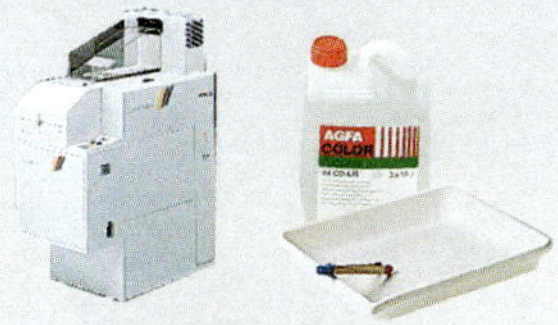

Um ein beständiges Papierbild zu erhalten, muß das belichtete Papier chemisch entwickelt werden, entweder manuell oder automatisch. Dieser Papierabzug kann gescannt werden, um neben der Hardcopy eine digitale Datei zu erzeugen.

Ausgabemöglichkeiten

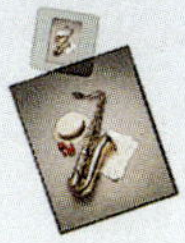

Dias
Die üblichen Formate (35 mm-Kleinbildfilme und 120/220-Rollfilme, 4x5"- und 8x10"- Planfilme) sind in verschiedenen Emulsionen mit unterschiedlichen Auflösungen und Empfindlichkeiten erhältlich. Sie können digital gescannt oder mit Diaprojektoren in Präsentationen vorgeführt werden.

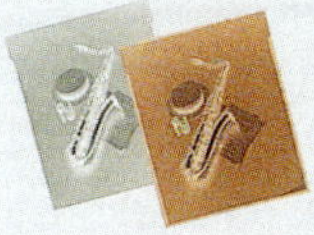

Negative
Von Farb- und Schwarzweißnegativen in verschiedenen Formaten und ISO-Empfindlichkeiten können Scans oder Papierabzüge hergestellt werden. Farbnegativfilme sind wegen ihrer verbesserten Auflösung, Schärfe, Farbqualität und Lichtempfindlichkeit immer beliebter geworden. Die Entwicklungszeiten betragen inzwischen weniger als 10 Minuten.

Papierabzüge
Farb- und Schwarzweißpapierbilder sind nach wie vor die bequemeste Methode zum Betrachten von Bildern. Solche Abzüge oder Prints werden von Original- oder Duplikatnegativen, Zwischennegativen und Dias hergestellt, die sich auch mit Scannern erfassen lassen.

Ausgabe

Printen und Bearbeitung

In digitaler Form lassen sich Bilder mit entsprechender Software direkt auf dem Bildschirm analysieren und bearbeiten. Digitale Varianten herkömmlicher Techniken können zur Korrektur der Farbbalance und des Tonwertumfangs eingesetzt werden. Mit »Spezialeffekten« kann ein Bild völlig verfremdet werden. Bei der Bildbearbeitung und Anwendung von Spezialeffekten sind in jedem Fall die Möglichkeiten des vorhandenen Ausgabegerätes zu berücksichtigen.

Ausgabemöglichkeiten

Laserdrucker
Laserdrucker eignen sich für die Ausgabe von Geschäftskorrespondenz, Lieferscheinen, Aktennotizen und Inhouse-Proofs.

Farbdrucker
Farbsublimations- und Tintenstrahldrucker können für die Ausgabe von Farbproofs (zum Teil in Kontaktqualität) und Galerie-Displays verwendet werden. Thermowachsdrucker eignen sich für Inhouse- oder Layoutproofs.

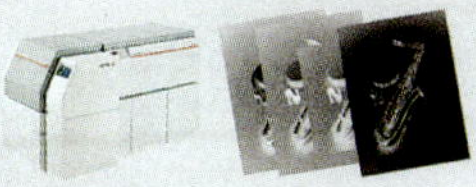

Laserbelichter
Belichter dienen zur Herstellung von hochauflösenden Separationsfilmen, wenn Fotos mit Druckmaschinen reproduziert werden sollen.

Farbfilmrecorder
Mit diesen Geräten lassen sich ausgehend von digitalen Dateien neue Halbtondias- und negative in verschiedenen Formaten herstellen.

Videodisplay (Multimedia)
Video-und Fernsehmonitore dienen als Ausgabegeräte für CD-ROM-Publikationen und geschäftliche Präsentationen, werden aber auch für die Bildbearbeitung benötigt.

4. Geschichte

Technik für Profis

Seit im Jahr 1981, zeitgleich mit dem ersten Personal-Computer (PC) von IBM, Sony den ersten filmfreien Fotoapparat Mavica (**Ma**gnetic **Vi**deo **Ca**mera) vorstellte, streiten sich die Geister über Sinn und Zukunft der elektronischen Aufnahmetechnik. Eine Spielerei für technikverliebte Spinner, die bildschirmblass und tageslichtscheu am Mittag nach dem Frühstück tappen, meinen die einen, andere

Die zukunftsweisende Technik erleichtert Montage und Collage.

halten die digitale Fotografie für die Aufnahmetechnik der Zukunft, die der Bildaufzeichnung mittels Silberhalogeniden in Kürze einen ähnlichen Garaus machen werde, wie die magnetische Filmaufzeichnung mit Videokameras der Super-8-Filmtechnik. Bisher waren die Verfechter der digitalen Fotografie vor allem sehr bemüht, die Vorbehalte der Fotografen gegenüber den neuen Techniken auzuräumen. Bei den hohen Preisen waren sie der einzige Personenkreis, der die Vorteile der digitalen Bilderstellung auch wirtschaftlich nutzen konnten. Keines der namhaften Unternehmen der Fotoindustrie wollte den Eintritt in die neue Technik verpassen, ob Canon oder Kodak, Agfa, Minolta oder Olympus, Rollei, Nikon, alle verfügten schon recht bald über wenigstens ein Modell, das mit der neuen Technik arbeitete. Dazu kamen und kommen Kameras von Unternehmen, die wie Logitech oder Scitex in der Computerperipherie beschäftigt sind und selbst oder in Zusammenarbeit mit anderen Herstellern digitale Aufnahmegeräte entwickeln und vertreiben.

Seit 1996 kommt neben den Kameras aus dem Profibereich gerade zu eine Schwemme digitaler Kompaktkameras auf den Markt, die mit Preisen zwischen DM 500.- und DM 2500.- eine andere Käuferschicht ansteuern. Nur wenn es gelingt, der neuen Technik eine breite Basis zu verschaffen wird sich, so wissen die Hersteller, die digitale Aufnahmetechnik als Standard durchsetzen können.

Der Massenmarkt ist nicht nur ein Gradmesser für den Trend, nur er schafft auch eine ausreichende Nachfrage. Dies ermöglicht Stückzahlen, bei denen sich durch günstigere Massenherstellung die Bauteile verbilligen, die Entwicklungskosten finanzieren und die Produktionskosten drastisch absenken lassen. Damit ist der private Markt auch für die Weiterentwicklung und Weiterverbreitung der digitalen Technik im professionellen Bereich entscheidend.

Chancen der digitalen Fotografie

Welche Vorteile bietet die neue Technik für Profis und Amateure, die ihre Durchsetzung beschleunigen könnten? Und andererseits, welche Nachteile könnten noch ihren Siegeszug bremsen?

Kostenersparnis

Zeit- und Kostenersparnis sind wesentliche Kriterien für die Anschaffung einer digitalen Kamera im professionellen Bereich.

Im professionellen Bereich, also bei Anwendern, die täglich viele Aufnahmen machen müssen und wollen, spielt der Wegfall der Kosten für Filmmaterial, Entwicklung und Laborgeräte eine beachtliche Rolle. Der Firma PSL zufolge, die Photosysteme anbietet und vertreibt, ergibt sich in einem Studio, das monatlich je 60 Bilder mit Fach- oder Mittelformatkameras in professioneller Qualität ausführt, ein Kostenvorteil von über 100% je Aufnahme (DM 212,50 ÷ DM 97.-). Selbst wenn alle Investitionskosten, abgeschrieben über einen Zeitraum von fünf Jahren, berücksichtigt werden, bleibt noch rund ein Drittel des Kostenvorteils erhalten.

Dazu kommen noch Zeitersparnisse von 10–30%, der Wegfall von sonst üblichen Probeaufnahmen durch die Vorschau am Computermonitor und eine verlustfreie Reproduzierbarkeit bei vollständiger Sicherheit der Originale.

Schnelle Datenübermittlung

Bei der Weiterverarbeitung im professionellen Bereich liegen die Vorteile in der schnellen Verbreitbarkeit über Telefon und DFÜ-Anschlüsse, die einen Zeitvorsprung bei aktuellstem Bildmaterial bedeuten, die beispielsweise bei der Reportage im Journalismus oder bei der Last-Minute-Fertigstellung von Industriegütern und einer festgelegten Messepräsentation eine wichtige Rolle spielen.

Im weiteren Bereich verwischen sich sehr oft die Grenzen, denn die digitalen »Dunkelkammer-Funktionen« sind nicht auf elektronisch erfaßte Bilddateien beschränkt, auch wenn die Befürworter der digitalen Fotografie dies gern allein für sich beanspruchen würden. Lediglich die oft erheblichen Kosten für den Scanvorgang und ein gewißer Zeitvorteil sind als Vorteile der elektronischen Bilderfassung geltend zu machen.

Einfaches Handling bei der Bearbeitung

Nichtsdestotrotz bietet die digitale Technik große Vorteile beim nachträglichen Bearbeiten der Bilddateien. Die Einfachheit der Freistellung einzelner Motive aus dem Hintergrund und der Montage verschiedener Bildelemente zueinander und ineinander haben, wenn man den Zeitschriftenmarkt betrachtet, unsere Sehgewohnheiten bereits sehr verändert.

Abenteuer und Spaß

Für den privaten Anwender spielen die meisten der oben angeführten Gründe keine wesentliche Entscheidung.

Für das digitale Bild gibt es viele Verbreitungsmöglichkeiten: Ausdrucke, Fernsehen, Internet.

Bei seinen Überlegungen ist der Erlebniswert wichtiger, als die Urlaubsfotos, die er vermutlich noch längere Zeit mit einer vorhandenen Kamera aufnehmen wird. Außer wenigen small-business-Lösungen, wie der Einbindung von Schnappschüssen in Einladungen oder kleinen Broschüren, einem schnellen befreienden Report über das im Graben gelandete neue Auto auf der Homepage im Internet, gibt es keinen zwingenden Grund von den in kleinen Stückzahlen (fast) unschlagbar niedrigen Fotografiekosten zur digitalen Fotografie zu wechseln. Das Interesse des privaten Nutzers ist eher das eines unerschrockenen Pioniers, der allen Widernissen zum Trotz die unerforschten Weiten der digitalen Bilder erforscht. Seine Abenteuerlust ist keinem wirtschaftlichen Zwang unterworfen, sondern Lust am Möglichen und Lust am Neuen.

Ob er die Gesichter des Großvaters und der Schwiegermutter miteinander verbindet, um eine Vorstellung des zu erwartenden Kindes zu konkretisieren, seine Freunde mit einer selbsterstellten Fotokarikatur überrascht, immer wird er auf staunendes Lachen stoßen.

Und der Spaß ist sicherlich die Mühe wert.

5. CCD-Aufnahmetechnik

Registrierung der Lichtimpulse

CCD-Elemente setzen die einfallende Lichthelligkeit in elektrische Ladung um. Die Größe der aufgebauten Ladung ist abhängig von der Stärke und Dauer des einfallenden Lichts. Darin ähnelt die Wirkungsweise eines CCD-Elements dem einzelnen Silberhalogenidkorn einer Filmschicht. Ebenso wie das Filmkorn sind die CCD-Elemente »farbenblind« und reagieren nur auf Intensitätsunterschiede unabhängig vom Wellenlängenbereich.

Damit diese Helligkeitsunterschiede nicht nur ein Bild der Helligkeitsabstufung, also ein Graustufenbild abgeben, muß die Empfindlichkeit eines Sensorelements auf einen bestimmten Wellenlängenbereich eingegrenzt werden. Dies erfolgt durch Farbfilter aus farbigen transparenten Material, die nur für das Licht bestimmter Wellenlängen durchlässig sind, ähnlich wie beim Schichtenaufbau eines Farbfilmes.

Sensortypen

Anders als beim Silberkorn ist die Anordnung der Sensoren auf eine Ebene beschränkt. Die Einzelelemente liegen ausschließlich nebeneinander wie in einem Mosaik. Werden die Sensorelemente nur auf einer Linie angeordnet, der Sensorleiste, so muß die Leiste das Bild nacheinander abtasten (abscannen), liegen die Elemente in einem Schachbrettmuster flächig nebeneinander, so spricht man von einem Sensorchip oder Flächensensor.

Belichtungszeit

Die Dauer des Lichteinfalls auf das einzelne Sensorelement wird durch den Verschluß und die Blende wie beim herkömmlichen Fotoapparat bestimmt. Kameras, die nach dem Scanprinzip arbeiten, bestimmen über die Blende und die Schrittge-

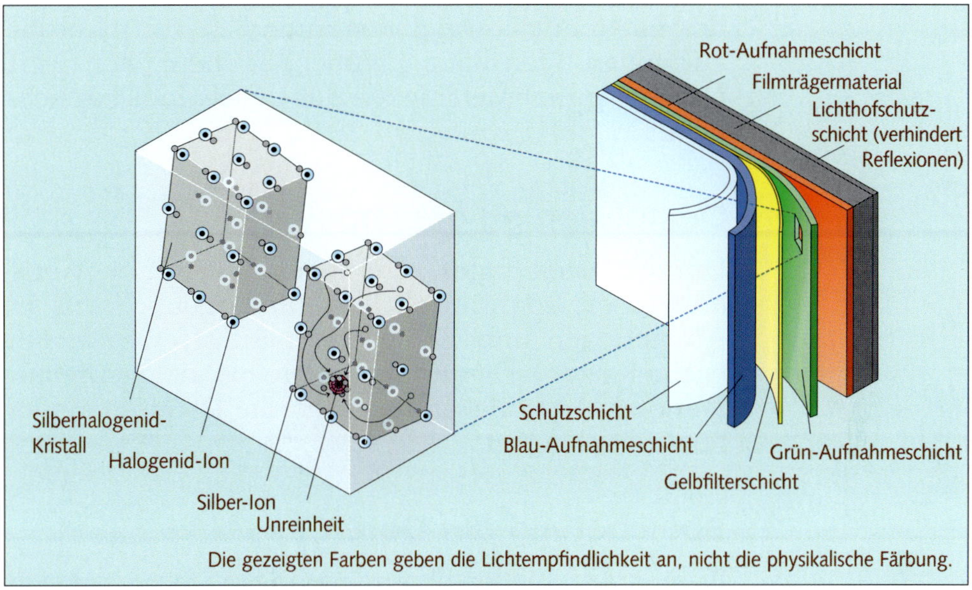

Schichtaufbau des Film Chip, Sensorleiste. (Bild: Agfa)

Beim Sensorchip sind die Sensorzellen wie auf einem Schachbrett nebeneinander angeordnet (Bild: Agfa).

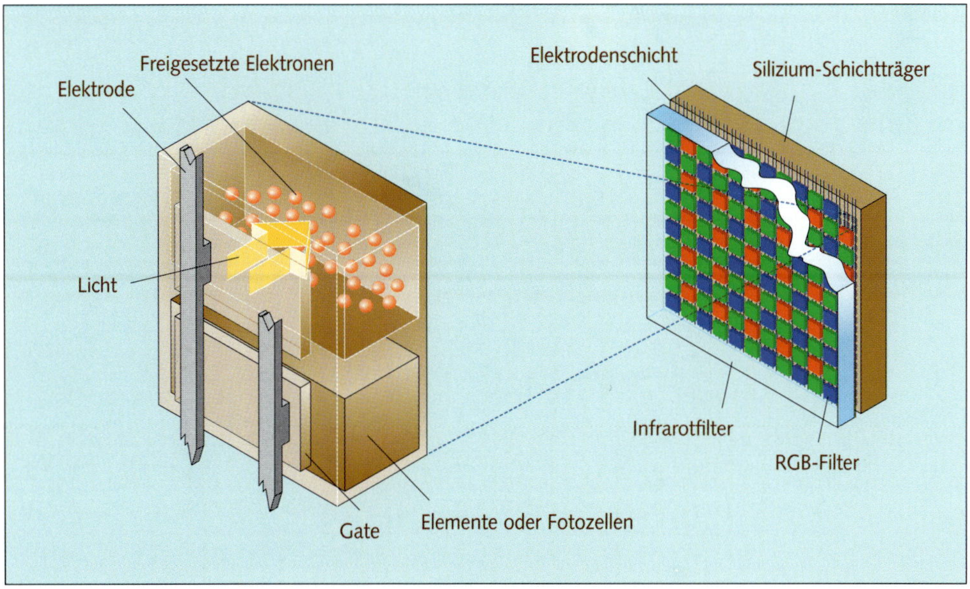

schwindigkeit der Sensorleiste die Dauer, mit der die Sensorelemente dem Licht ausgesetzt sind.

Die Intensität des von einem Objektiv reflektierten Lichts trifft mit einer unterschiedlichen Stärke durch die Linse auf den CCD-Sensor. Die Intensität des Lichteinfalls steigt kontinuierlich von Null bis zur vollen Intensität an, wobei der obere Grenzwert nur die Aufnahmefähigkeit des CCD-Chips bezeichnet.

Digitalisierung der Impulse

Um die Daten digital zu erfassen, müssen die Werte aus einer kontinuierlichen (analogen) Form in Abstufungen und Zahlenwerte umgesetzt werden (siehe Kasten). Dies erfolgt in einem Analog-Digital-Wandler. Anschließend werden die Daten in einem Speicher abgelegt.

Speicherung der Daten

Es gibt verschiedene Formen von Speichern, die sich durch ihre Aufnahmekapazität und ihrer Handhabung unterscheiden. Wechselspeicher erlauben es, die Kapazität zu erweitern und machen die Daten von der Kamera unabhängig verfügbar.

Die gebräuchlichsten Wechselspeicher sind PC-Karten (früher PCMCIA-Karten) und Compact-Flash-Karten (siehe Kasten).

CCD-Sensoren

Jeder CCD-Sensor ist aus vielen winzigen Siliciumdioden zusammengesetzt, die in einer Ebene nebeneinander angeordnet sind.
Man unterscheidet CCD-Sensoren, die eine Fläche in der Filmebene einnehmen, die Flächensensoren oder CCD-Chips, und CCD-Sensorleisten, bei denen nur ein schmales Band von lichtempfindlichen Dioden nebeneinander aufgereiht sind.

Aktivierung der Sensoren

Ein CCD-Element besteht aus einem lichtempfindlichen Material, das bei Bestrahlung mit Lichtphotonen Elektronen freisetzt. Die Elektronen sammeln sich in einem zum CCD-Element gehörenden Kondensator. Die Menge der freigesetzten Elektronen korreliert mit der Dosis der einfallenden Lichtenergie, sie ist proportional der Helligkeit. Der Wert der dadurch in jedem Kondensator aufgebauten Spannung kann daher als Helligkeitswert verwendet werden. Der Spannungswert wird in einem Analog-Digital-Wandler in einen digitalen Wert umgewandelt und kann auf einem geeigneten Ausgabemedium einen Bildpunkt mit gleicher Helligkeit bestimmen.
Der Vorgang ist vergleichbar mit einem engen Trichter, in dem bunte Schokostreusel liegen. Drückt ein Lichtstrahl auf die Streusel, werden, abhängig von der Stärke des Lichtstrahls, ein oder mehrere Teilchen durch den Trichter in ein darunterliegendes Gefäß gepreßt. Die Zahl der durchrutschenden Partikel ist somit ein Gradmesser für die Stärke des Impulses.
Je länger der Druck anhält, umso mehr Teilchen fallen herab, solange bis das Gefäß gefüllt ist. Bezogen auf ein Sensorelement wird die Dauer des Impulses als Integrationszeit (Belichtungszeit) bezeichnet. Ein voll geladenes oder gesättigtes Element kann bis zu 110 000 Elektronen aufnehmen. Darüber werden keine weiteren Impulse mehr registriert, die

verbleibenden Schokostreusel kullern, bildlich gesprochen, aus dem Gefäß.

Impulsstärke

Wie beim herkömmlichen Film kann die Stärke des Impulses durch die Begrenzung der Einwirkungsdauer (Verschluß) oder die Öffnung (Blende) beeinflußt werden. Im Unterschied zum Film kann aber die Empfindlichkeit des CCD-Elements auch elektronisch verändert werden.
Vom Film her sind Unter- und Überbelichtung bekannt, sie spielen auch bei der elektronischen Erfassung der Helligkeitswerte eine Rolle. An den Grenzen der Helligkeitsintensität, also bei einem sehr niedrigen oder sehr hohen Input von Lichtimpulsen, werden die Werte weniger genau erfaßt.

Grundrauschen

Zu geringer Lichteinfall bewirkt, daß die Grundspannungsänderungen, die durch Wärme und sonstige Umwelteinflüsse gegeben sind, als Input gewertet werden und die Bildinformation verfälschen. Bei einer ungünstigen und zu kleinen Relation von Input und Grundspannung, führt der gerin-

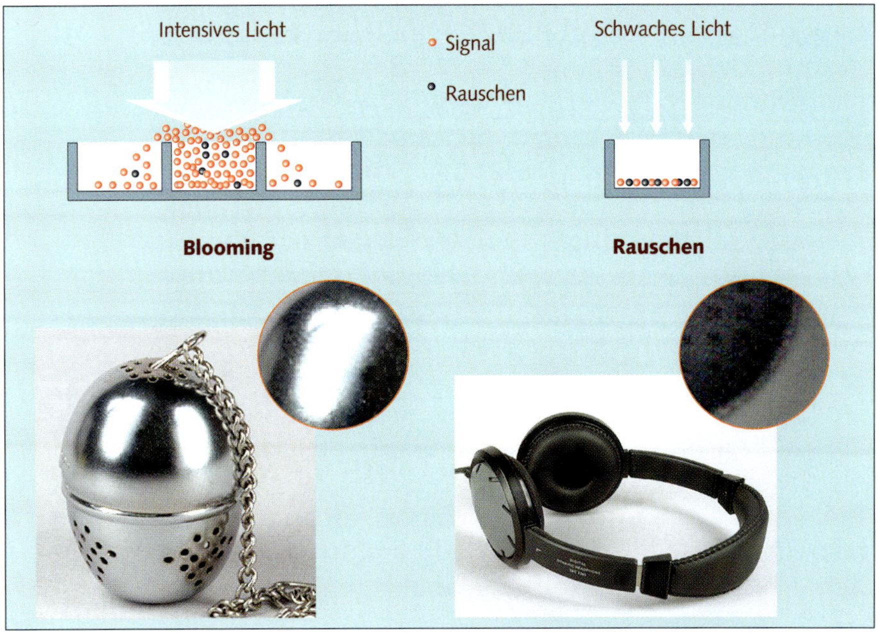

In den Sensorzellen werden die Impulse wie in einem Behälter gesammelt. Zuviele führen zum Überlaufen (Spitzlichter, Blooming), zu wenig zum Grundrauschen (Bild: Agfa).

ge Signalrauschabstand dazu, daß insbesondere in dunklen Partien, Bildpunkte mit fehlerhaften Farben verzeichnet werden. Man bezeichnet dies als Grundrauschen.

Spitzlichter

Ist der Einfall an Lichtimpulsen sehr hoch, wird die Speicherfähigkeit des Elektronenspeichers (Kondensator) erschöpft. Die Elektronen können auf angrenzende Kondensatoren überspringen und dort zu erhöhten Helligkeitswerten führen. Dieses Phänomen erzeugt falsche Bildpunktwerte, die Bildpunkte werden zu hell ausgegeben. Die Abstufung der »Weißwerte« entfällt, es zeigen sich Spitzlichter ohne Konturierung.

Manipulation der Lichtstärke

Eine Über- oder Unterbelichtung kann bei digitalen Kameras durch die Möglichkeit, die Empfindlichkeit der Sensoren elektrisch zu begrenzen, gesteuert werden. Um Überbelichtung zu vermeiden, kann der Elektronenfluß begrenzt werden; das System wird über einem bestimmten Spannungswert kurzgeschlossen. Unterbelichtung wiederum kann dadurch ausgeschlossen werden, indem die angesammelte Elektronenmenge in einem anderen Verhältnis zugeordnet, also verstärkt, wird.
Bei der herkömmlichen Fotografie entsprechen diese Vorgänge der Verwendung eines lichtempfindlichen Films oder dem Vorgang des Pushens, also der Entwicklung mit längerer Einwirkdauer und der damit verbundenen Verstärkung der verzeichneten Impulse. Wie auch beim Pushen sind auch bei der Manipulation am elektrischen Signal, Auswirkungen auf das Bild nicht zu umgehen.
Ein reduzierter Tonwertumfang stellt sich beispielsweise dann ein, wenn die Verstärkung der Impulse nach der Digitalisierung stattfindet (siehe Kasten). Gröbere Bildpunkte und unausgewogene Farbbalance zeigt das digitale Bild nicht, da die einzelnen Bildpunktgrößen festgelegt sind und die RGB-Empfindlichkeit linear verläuft. Dafür erhöht sich aber das Grundrauschen, also die Einfügung fehlfarbener Einzelbildpunkte.

Verfälschungen im digitalen Bild ergeben sich aus der Beschaffenheit der Sensorzellen. (Quelle: Computer Photo)

6. Scannerkameras

Technik der Bilderfassung

Scannerkameras haben ihren Namen von der Technik, mit der die Bildinformationen erfaßt werden.

Wie bei einem Flachbett-Scanner wird das Bild nicht zu einem Zeitpunkt vollständig, sondern zeitlich hintereinander aufgenommen.

Dazu wird eine CCD-Sensorleiste gleichmäßig über die Bildebene geführt.

Ein Schritt-Motor führt die Sensorelement-Zeile in gleichen Zeitschritten über die Bildfläche, dadurch wird das Bild Zeile für Zeile erfaßt und abgespeichert.

Ein Auflösungswert ergibt sich physikalisch durch die Menge der auf der Scanleiste aufgebrachten Sensorelemente, ein anderer durch die Bewegung der Scanleiste. Scannerkameras weisen eine im Vergleich zu Chipkameras höhere Auflösung auf, da die Sensorelemente auf einer Leiste kleiner gefertigt werden können und somit eine größere Anzahl auf der Leiste untergebracht werden kann. Die Registrierung und Umwandlung der Bilddaten ist einfacher, da die Daten zeitlich versetzt anfallen.

Helligkeitsunterschiede in Graustufen können in einem Scanvorgang bestimmt werden .

Zur Farberfassung werden die Tonwerte der Grundfarben rot, grün und blau durch Filterung einzeln ermittelt. Man unterscheidet One-Pass-/Single-Pass- und Three-Pass-Scanner.

Die Technik der Bildeinscannung findet nur bei Kameras Anwendung, die wechselbare Rückteile haben, also in der Regel bei Fach- bzw. Studiokameras.

Die Vorteile von Scannerkameras

- Die Auflösung kann wesentlich höher sein als bei Matrixsensoren.
- Es können vorhandene Kamerasysteme genutzt werden.
- Die Bildfläche des abgetasteten Bildes kann Ein-

schränkungen dem Filmformat angepaßt werden (beim Flächensensor ist die Erzeugung flächendeckender gleichauflösender Sensorfelder ungleich schwerer).

- ❑ Alle Einstellmöglichkeiten der herkömmlichen Kamera können weiter genutzt werden.

Die Nachteile von Scannerkameras

- ❑ Die Aufnahme kann mehrere Minuten dauern.
- ❑ Es können nur unbewegte Objekte unverzerrt aufgenommen werden.
- ❑ Die Ausleuchtung muß über den Zeitraum des gesamten Scanvorgangs konstant gehalten werden. Lichtschwankungen würden im fertigen Bild als Streifen erscheinen.
- ❑ Bei unbewegten Objekten können durch Wärmeentwicklung des Dauerlichts Veränderungen eintreten (beschlagenes Glas, weichwerdende Schokolade).
- ❑ Vibrationen während der Aufnahme können die Aufnahmequalität beeinträchtigen.

Formen der Bilderfassung

Three Pass Scan

Beim Three Pass Scan wird ein Motiv dreimal hintereinander abgetastet. Jeder Scanvorgang wird mit einem anderen Farbfilter durchgeführt. Dadurch werden nacheinander die Helligkeitswerte für rote, grüne oder blaue Lichtanteile erfaßt.

Durch geeignete Filter können auch andere Farbanteile in ihren Tonwerten erfaßt werden. So können zum Beispiel im Four Pass sofort CMYK-Farbauszüge erstellt werden. Das Verfahren gilt als veraltet und findet sich nur bei den oft erst wenige Jahre alten »Vorfahren« digitaler Kameras, wie der Rollei Digital Scan Pack.

One Pass, Single Scan

Beim One-Pass-Verfahren wird das Motiv in einem Scandurchgang erfaßt. Auf der Scanleiste sind drei Sensorelement-Zeilen nebeneinander angeordnet.

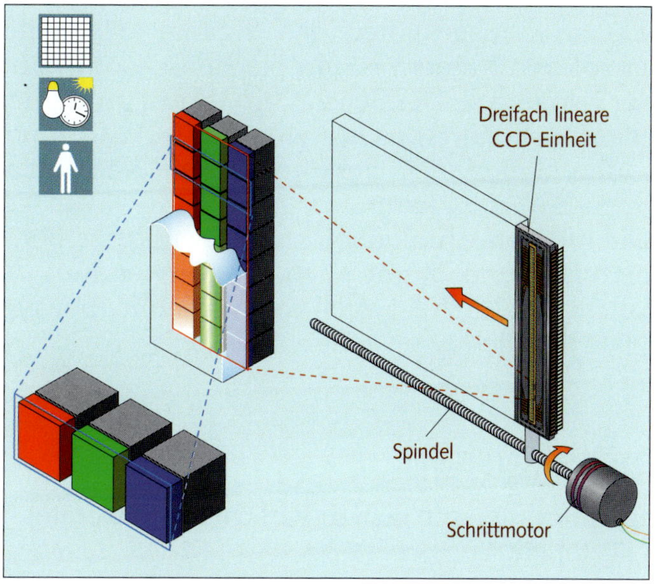

Scannerkameras erfassen das Bild mit einer schmalen Leiste, die schrittweise über das Bild geführt wird (Bild: Agfa).

Durch die Beschichtung der Oberfläche mit Filtern für die roten, grünen und blauen Lichtanteile werden alle Farben zugleich in ihren Helligkeitsabstufungen erfaßt.

Die Daten fallen zeilenweise an und werden in bis zu 18 Bit Farbtiefe aufgezeichnet.

Streifenbildung

Die Bewegung der Scanleiste führe bei Scannerkameras der ersten Generation zu großen Problemen mit der Streifenbildung.

Diese feinen Störungslinien entstehen, wenn einzelne Sensorelemente geringfügige Abweichungen in der Empfindlichkeit und damit bei der Registrierung der Helligkeitswerte aufweisen.

Die Bildpunkte dieser einzelnen Sensorzellen erscheinen heller oder dunkler als die des Gesamtbildes und zeichnen sich durch die Bewegung der Scanleiste als helle oder dunkle Linien ab.

7. Chipkameras

Weitaus der größte Teil der digitalen Kameras ist mit CCD-Chips ausgestattet; das digitale »Herzstück« einer solchen Kamera ist ein Flächensensor (Matrix) in der Filmebene. Der Sensorchip ist fest im Kameragehäuse installiert, das mit wenigen Modifikationen aus den Serien des herkömmlichen Kamerabaus abgeleitet werden kann.

Die meisten Chipkameras erlauben kurze Belichtungszeiten und damit auch die Verwendung von Blitzlicht. Dadurch ist auch die Aufnahme bewegter Objekte möglich.

Geräteklassen

Chipkameras lassen sich in verschiedene Geräteklassen aufteilen:

- Schnappschuß- oder Einsteigerkameras mit einfachen Objektiven oft fester Brennweite und relativ niedrigen Auflösungen (320 x 240, 640 x 480). Die Preise für diese Kameras liegen bei DM 500.- und mehr.
- Mobile professionelle Kameras mit leistungsfähigen Objektiven und hochempfindlichen Sensoren mit hoher Auflösung (1000 x 1280 und mehr). Die Preise für diese Kameras liegen bei DM 20 000.-.
- Stationäre Studiokameras für Bewegungsaufnahmen mit ebenso hohen Leistungsdaten wie Preisen (Auflösungen bis 4096 x 4096, Preise bis etwa DM 100 000.-).

Im oberen Einsteigerbereich, gleichermaßen dem semiprofessionellen Bereich, ist der Markt nur sehr spärlich bestückt. Es gibt einzelne Kameras mit Auflösungen bis zu 800 x 600 zu Preisen unter DM 10 000.-.

Die Hersteller bemühen sich aber, Kameras im Mittelklassebereich zu erschwinglichen Preisen mit sehr guten Qualitäten anbieten zu können. Die steigenden Produktionszahlen und die fortschreitende Entwicklung geben Hoffung, daß schon bald Auflösungen und Lichtempfindlichkeit der Mittelklassekameras in dem Bereich liegen, der bislang sehr teuren professionellen Kameras vorbehalten war.

Technik der Bilderfassung

Die Qualität einer Chipkamera ist in erster Linie bestimmt von der Güte des eingebauten CCD-Sensors und der des verwendeten Objektivs. Um nicht nur Helligkeits- sondern auch Farbinformationen registrieren und speichern zu können, werden bei der Speicherung eines Bildes über einen Flächensensor verschiedene Techniken angewendet.

Es gibt einerseits technisch aufwendige und teure Verfahren, bei denen die größtmögliche Informationsausbeute durch die Sensorelemente genutzt werden kann, andererseits kostengünstige Methoden, die mit einem Verlust an physikalisch erlangten Bildwerten arbeiten.

Die grundlegende Technik bei hochwertigen und einfachen Chipkameras ist immer die gleichzeitige Belichtung einer Sensorfläche.

Die Produktion von Sensorflächen ist kostenaufwendig und fehleranfällig. Deswegen sind große CCD-Sensoren sehr teuer.

Die Belichtung einer Sensorfläche kann mehrfach erfolgen, wobei durch vorgeschobene oder aufgebrachte Farbfilter die einzelnen farbbezogenen Helligkeitswerte erfaßt werden (Multiple Shot). Bei diesen Verfahren, die mit Belichtungsfolgen für eine Bilddatei arbeiten, ist die gesamte Sensorfläche zur Ermittlung der Helligkeitsdaten jedes Bildpunktes nutzbar.

Die Belichtung der Sensorfläche kann aber auch, wie bei der herkömmlichen Fotografie, nur einmal erfolgen (Single Shot). Dann müssen gleichzeitig die unterschiedlichen Werte für die roten, grünen und blauen Farbanteile ermittelt werden. Im High-End-Bereich kann dies durch drei getrennte Sensorflächen erfolgen, von denen jede nur die Werte für einen Farbton erfaßt. Im Bereich einfacher Kameras wird dagegen die Matrixoberfläche in Felder aufgeteilt, die durch eine aufgedampfte Filterschicht Helligkeitsunterschiede in jeweils nur einem Farbbereich registrieren. Dadurch geht ein Teil der physikalisch möglichen Bildinformation verloren und muß durch rechnerisch ermittelte Helligkeitswerte ersetzt werden.

Formen der Bilderfassung

Three-Shot-Kamera

Bei einer Three-Shot-Kamera werden durch vorgeschaltete Filterelemente und eine erneute Belichtung die Helligkeitswerte für jeden Farbbereich (rot, grün, blau) gesondert ermittelt und nacheinander gespeichert. Oftmals wird zusätzlich auch ein nichtfarbiger Helligkeitswert ermittelt (Four Shot).

Die Farbfilter befinden sich auf einem Filterrad oder werden einzeln vor die CCD-Sensorplatte gefahren.

Das Verfahren ist wegen der langen Aufnahmedauer nur für unbewegte Objekte verwendbar. Es

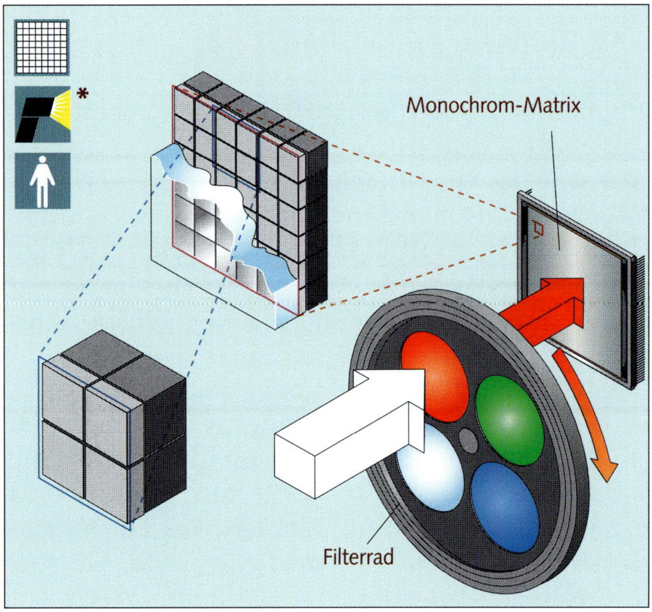

Ein Filterrad erlaubt es die Helligkeitswerte für rot, grün, blau und ungefiltert nacheinander aufzuzeichnen (Bild: Agfa).

erlaubt bei jeder Einzelbelichtung den Einsatz eines Blitzlichts, dessen Position und Stärke jedoch bei allen drei oder vier Belichtungen gleichbleiben muß. Die Three-Shot-Technik ist nur für Studiokameras geeignet.

Die Vorteile des Three-Shot-Verfahrens

- Für jeden Bildpunkt werden drei oder vier Helligkeitswerte ermittelt und abgespeichert. Alle Daten kommen durch die Belichtung eines Sensorelements zustande. Die maximale physikalische Auflösung der Sensorfläche kann ganz zur Erfassung des Bildes genutzt werden.
- Die Verwendbarkeit eines Blitzlichts erweitert die Darstellungsmöglichkeiten und verhindert Beeinträchtigungen durch heißes Dauerlicht.

Die Nachteile der Three-Shot-Technik

- Die Aufnahmezeiten dauern lang.
- Das System ist bei Aufnahmen ohne Blitzlicht empfindlich gegenüber Störungen (Bewegung, Erschütterung, Lichtwechsel).
- Bewegungsaufnahmen sind nicht möglich.
- Fehlerhafte Filteranordnungen können zu Farbsäumen an Konturen führen.

Kameras mit Matrixverschiebung

Eine Abwandlung des Three-Shot-Verfahrens besteht in der Verwendung einer beweglichen Sensorfläche mit fest aufgebrachten Farbfiltern. Damit erfaßt jedes Sensorelement nur den Helligkeitswert eines entsprechenden Farbbereichs. Die Verteilung der farbig kodierten Sensorelemente über die Chipfläche kann verschieden sein, wichtig ist nur, daß das Verteilungsmuster gleichförmig ist. Meist ergeben sich Linienstrukturen, die geradlinig oder diagonal zur Sensorkante verlaufen. Bei jeder Belichtung wird die Sensorfläche genau um eine Sensorelement-Breite (Bildpunkt) verschoben und die Helligkeitswerte jedes Bildpunkts für die Farben rot, grün und blau ermittelt.

Die Bewegung der Matrix kann dabei linear in einer Richtung erfolgen (beispielsweise rechts, rechts, rechts, rechts) oder einen kleinen Kreis

Wird die Matrix durch einen Motor punktweise verschoben, können farbgetrennte Helligkeitswerte für jeden Bildpunkt nacheinander ermittelt werden (Bild: Agfa).

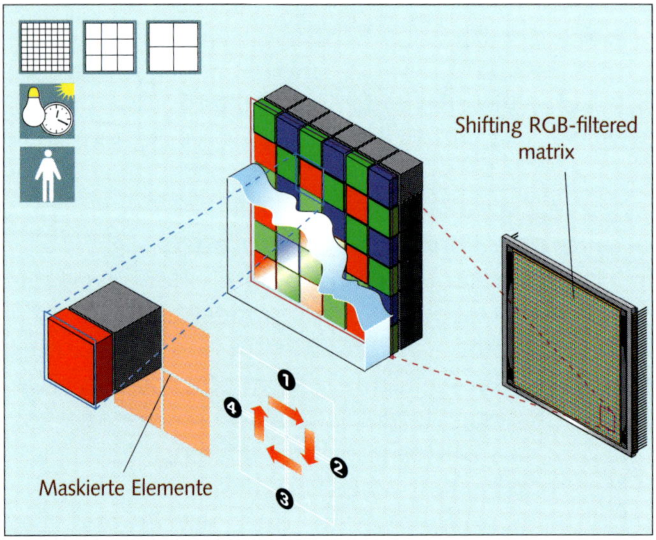

beschreiben (beispielsweise rechts, auf, links, ab).

Bei einer vierfachen Schrittfolge wird meist der Grünwert doppelt gemessen, da das menschliche Auge den Helligkeitswert im grünen Lichtanteil besonders deutlich registriert. Manchmal wird auch die doppelte Anzahl von Sensorelementen für grün kodiert.

Kameras mit Matrixverschiebung können auch ohne Bewegung der Sensorfläche eingesetzt werden und nur einmal belichtet werden (One Shot), wobei sich allerdings die Auflösung verringert. Dadurch können mit einer solchen Kamera auch Aufnahmen bewegter Motive gemacht werden. Das Bild kann zur Voransicht auf dem Computermonitor kontrolliert werden.

Die Vorteile von Kameras mit Matrixverschiebung

- ❏ Sie eignen sich für Studioaufnahmen von bewegten und unbewegten Objekten.
- ❏ Bei One Shot und Multiple Shot ist die Verwendung von Blitzlicht möglich. Bei Aufnahmen im Multiple Shot müssen die Position und Blitzlichtstärke gleich bleiben.
- ❏ Verschiedene Auflösungen sind möglich (One Shot, Multiple Shot).
- ❏ Das Bild kann gegebenfalls ohne Speicherung auf einem Computermonitor kontrolliert werden.

Die Nachteile von Kameras mit Matrixverschiebung

- ❏ Die Aufnahme im Multiple Shot erfolgt langsam.
- ❏ Bewegungsaufnahmen sind nur bei reduzierter Auflösung möglich (One Shot).
- ❏ Das System ist im Multiple-Shot-Modus anfällig gegen Störungen.
- ❏ Lichtschwankungen erscheinen im Bild.

Kameras mit Microscanning

Eine Abwandlung der Technik der Matrixverschiebung ist die PAD-Technologie (**P**iezo **A**perture **D**isplacement) oder das Microscanning. Hierbei ist die optische Auflösung nicht an die physikalische Auflösung der Sensorplatte gebunden. Mit gleichvielen größeren Sensorelementen kann dadurch eine höhere, physikalische Auflösung erreicht werden.

Die Sensorelemente tragen ebenso wie bei der Technik der Matrixverschiebung einen fest aufgebrachten Farbfilter. Der Sensor ist jedoch durch eine Maske auf eine kleine aktive Fläche begrenzt, dadurch wird der entstehende Bildpunkt in seiner Ausdehnung begrenzt. Zwischen den registrierten Bildpunkten entsteht ein Leerraum.

Eine Piezoelektronik bewegt die Matrix in Mikrometerschritten vorwärts, wobei bei jedem Stop jeweils eine Belichtung erfolgt und der physikalische Helligkeitswert ermittelt wird. Es entstehen bei einer Vielzahl von Belichtungen ebensoviele Helligkeits-

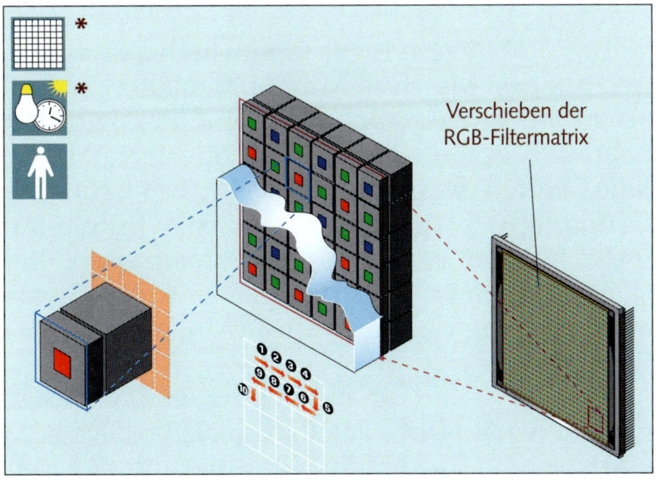

Durch die Einengung der aufgenommenen Bildpunkte auf eine kleine Fläche kann eine Kamera höhere Auflösungen erzielen (Bild: Agfa).

punktaufnahmen, die auf einem Momentanbild wie Sprenkel auf einer sonst leeren Bildfläche erscheinen würden. Durch die Schrittabfolge sind die Bildpunkte bei jeder Aufnahme verschoben. Wenn für jeden Bildpunkt die drei verschiedenen Helligkeitswerte ermittelt sind, werden die einzelnen Werte übereinander abgespeichert und die Aufnahme ist abgeschlossen.

Die Vorteile von Kameras mit Microscanning

- ❏ Es können Auflösungen erzielt werden, die größer sind als die physikalisch oder wirtschaftlich mögliche größte Sensorgröße.
- ❏ Alle Bildpunkte sind physikalisch ermittelt, der Informationsgehalt eines Bildes ist hoch.

Die Nachteile von Kameras mit Microscanning

- ❏ Die Aufnahme dauert lang.
- ❏ Die Lichtempfindlichkeit ist durch die Maske reduziert.
- ❏ Gleichbleibendes Studiolicht ist notwendig.
- ❏ Das System ist empfindlich gegen Störeinflüsse von außen.

One-Shot-Kamera mit Multiple-Chip-Technik

Dieses Verfahren spaltet das einfallende Licht durch eine Linse in die drei Wellenlängenbereiche (rot, grün, blau) auf und teilt jedem Bereich einen eigenen Flächensensor zu, der den Helligkeitswert ermittelt.

Das einfallende Licht wird durch Prismen zerlegt und auf drei Matrixsensoren umgeleitet. In der Regel erfaßt jeder dieser Sensoren eine der RGB-Komponenten, also die roten, blauen oder grünen Lichtanteile. Andere Kameras sind mit zwei Chips für den Grünanteil ausgestattet, um die Aufnahme der menschlichen Wahrnehmung anzupassen. Bei diesen Verfahren ist der dritte Sensor für die gemeinsame Erfassung der roten und blauen Anteile verantwortlich.

Das Verfahren ist aufwendig und verlangt eine große Präzision bei der Fertigung von Kamera und Optik, damit die Bildausschnitte, die auf den ver-

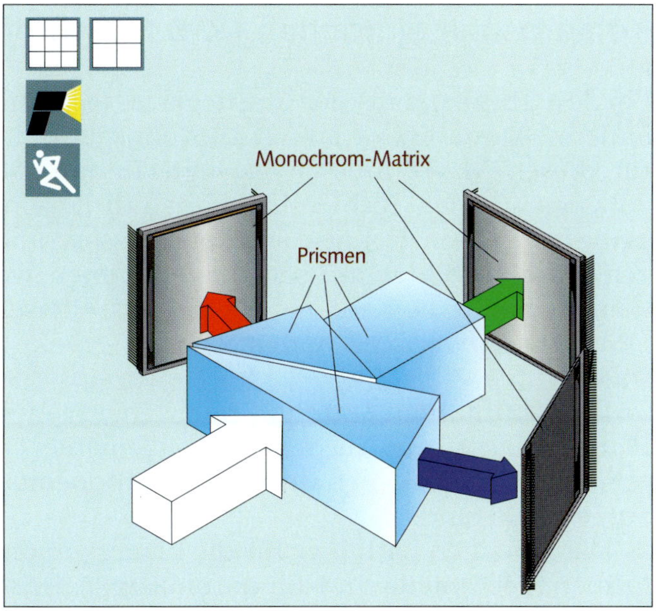

Ein kompliziertes optisches System bricht die Lichtanteile auf verschiedene CCD-Sensoren (Bild: Agfa).

schiedenen Sensorflächen registriert werden, auch deckungsgleich abgebildet werden.

Die Ermittlung der Helligkeitswerte erfolgt meist rein physikalisch, für jeden Bildpunkt werden gesondert die roten, grünen und blauen Lichtanteile ermittelt. Bei Kameras, die mit zwei Sensoren für Grünwerte und mit einem Mosaiksensor die roten und blauen Anteile messen, wird der fehlende Rot- bzw. Blau-Wert rechnerisch ermittelt. Es werden daher nur zwei Drittel der Daten physikalisch erfaßt.

Die Vorteile von Kameras mit Multiple-Chip-Technik

- Schnelle bewegte Motive können weitgehend physikalisch erfaßt werden.
- Der Verwendbarkeit von Blitzlicht erlaubt hohe Lichtausbeuten.

Die Nachteile von Kameras mit Multiple-Chip-Technik

- Die Verwendung von drei Sensorchips und dem Fertigungsaufwand hat einen hohen Preis zur Folge.
- Die Auflösung ist auf die physikalische Auflösung der Sensorfläche begrenzt.

Kameras mit einfachen RGB-Sensoren

Bei den Chipkameras der Einstiegsklasse kommt ein anderes Aufnahmeverfahren zum Einsatz. Kameras für diesen Markt müssen bewegte Bildaufnahmen zulassen, dürfen nicht allzu unhandlich sein und keine zu großen technischen Kenntnisse voraussetzen. Farbige Bilder müssen aufgenommen werden können, wenn die Kameras, die doch zu Preisen von DM 500.- aufwärts gehandelt werden, attraktiv sein sollen.

Die Aufnahme erfolgt mit einem einzigen Flächensensor, auf dessen Einzelelemente, Filterschichten für jede der drei Farbkomponenten fest aufgebracht sind.

Die winzigen Farbfilter für die blauen, roten oder grünen Lichtanteile sind auf die einzelnen Sensorelemente aufgedampft. Sie weisen entweder ein strei-

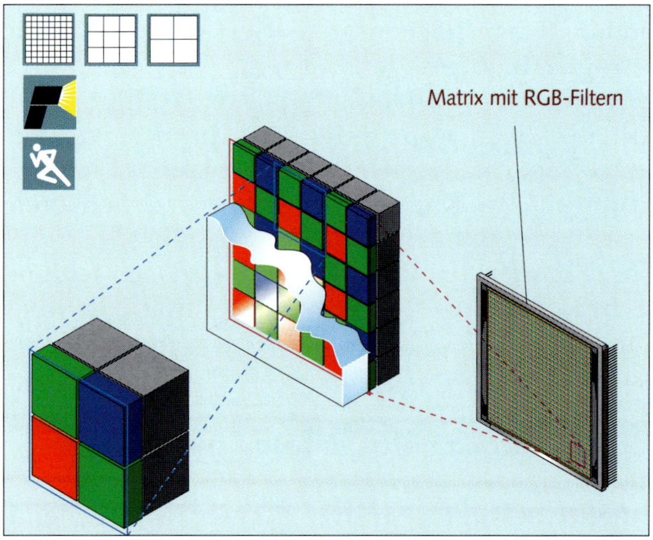

Einfache Kameras erfassen nicht jeden Bildpunkt mit getrennten Farbhelligkeitswerten (Bild: Agfa).

fen- oder ein linienförmiges Muster auf. Die Helligkeitsabstufungen des grünen Lichtanteils werden meist doppelt so oft erfaßt wie die roten bzw. blauen Anteile, um der Wahrnehmung des menschlichen Auges zu entsprechen.

Durch die Aufteilung der Sensorplatte in rot-, grün- oder blauempfindliche Einzelelemente kann für jeden Bildpunkt nur jeweils ein Helligkeitswert (rot, grün oder blau) ermittelt werden. Die beiden fehlenden Daten werden rechnerisch aus dem Mittel der in der Umgebung des Bildpunktes physikalisch erfaßten Helligkeitswerte errechnet. Die Berechnung der fehlenden Informationen zu einem Bildpunkt erfolgt entweder vor der Abspeicherung mittels eines DSP-Prozessors in der Kamera oder erst beim Übertragen der Bilddaten.

Die Wiedergabe-Qualität eines Bildes wird durch die Berechnung der beiden fehlenden Helligkeitswerte zwar verbessert, dennoch beträgt der Informationsgehalt des Bildes nur noch ein Drittel eines mit dem gleichen Sensorchip aufgenommenen Graustufenbildes.

Eine Möglichkeit, die Informationsdichte eines Bildes zu erhöhen, ist, die Erhöhung der Sensorelemente pro Bildpunkt. Technisch realisierbar ist bislang die Unterbringung von zwei rechteckigen Sensorelementen je Bildpunktquadrat. Für jeden Bildpunkt sind dann zwei Helligkeitswerte physikalisch erfaßbar und nur noch ein Wert muß rechnerisch ermittelt werden. Der Informationsgehalt wird dadurch verdoppelt, die Bildwerte werden zu zwei Drittel physikalisch erfaßt.

Die Vorteile von Kameras mit einfachen RGB-Sensoren

- ❑ Es können bewegte und unbewegte Motiven aufgenommen werden.
- ❑ Die Blitzlichttauglichkeit erleichtert das Handling und die Motivwahl; die oft schwache Lichtempfindlichkeit kommt dadurch weniger stark zum Tragen.

Die Nachteile von Kameras mit einfachen RGB-Sensoren

- ❑ Die Interpolation fehlender Helligkeitswerte führt zu einer niedrigeren Informationsdichte gegenüber Three-Shot-Kameras oder Scannerkameras.
- ❑ Die rechnerische Ermittlung fehlender Daten hat oft eine fehlende Farbechtheit oder ein Farbrauschen zur Folge.
- ❑ Die Lichtempfindlichkeit ist häufig gering.

8. Speicher

Die digitalen Daten, die der Analog-Digital-Wandler aus den Werten der Sensorchips ermittelt hat, müssen aufgezeichnet und gespeichert werden.

Die Sicherung der Bilddateien erfolgt innerhalb des Gehäuses entweder in einem stationären Speicher, der fest im Kameragehäuse eingebaut ist oder in einem herausnehmbaren Speicherelement, das in ein Laufwerk eingelegt werden kann. Dadurch ist es möglich, ein volles Speicherelement gegen ein leeres auszutauschen. Eine dritte Möglichkeit besteht darin, die Kamera über eine Datenleitung mit einer externen Speichereinheit zu verbinden.

Analog versus Digital

Der Unterschied zwischen analogem und digitalem Wert ist relativ einfach.

Analoge Werte sind kontinuierliche Werte, die gleichmäßig etwa durch die Funktion einer Kurve beschrieben werden können.

Digitale Werte sind diskontinuierliche Werte, die immer einem Stufenraster entsprechen, mit wieviel feinen Treppchen dies auch geschehen mag. Die digitale Bildbeschreibung erlaubt daher nicht, den genauen Ort eines Kurvenpunktes exakt zu beschreiben. Dafür können aber durch die digitale Beschreibungen der einzelnen »Kurventreppchen« besser und vielfältiger manipuliert werden.

Die Veränderung eines Punktes bei einer Kurve zieht, wie in einem Vektorgrafikprogramm, immer die Veränderung der Kurve mit sich. Die Veränderung einer »Treppenstufe« oder eines Pixels kann jedoch erfolgen, ohne die Umgebung mit zu beeinflussen.

Der Vorgang der Digitalisierung läßt sich als Zuordnung der Daten zu einem Wertebereich verstehen. Beispielsweise entsprechen die Spannungswerte von 0,0 bis 0,1 Volt dem Wertebereich 1, die

Werte von 0,1 bis 0,2 dem Wertebereich 2 usw. Damit entstehen Treppen, die jeweils einem Wertebereich, also 0,0 bis 0,1 bzw. 0,1 bis 0,2, umfassen.

Die Umrechnung der Zahlenwerte in Bytes für den Computer durch den Analog-Digital-Wandler erfolgt in derselben Weise, nur diskontinuierlich logarithmisch.

Bildspeicherung

Nach der Erfassung durch den CCD-Sensor wird das Bild im Speicher der Kamera oder in einem Laufwerk für Wechselmedien festgehalten. Dieser Vorgang wandelt die Daten in Dateien ab, die erhalten bleiben, auch wenn die Kamera ausgeschaltet wird. Nur durch das Speichern werden die Daten gesichert, eine Vorschau, etwa auf einem LC-Display, verschwindet nach dem Ausschalten der Kamera im Daten-Nirwana.

Das Abspeichern muß so erfolgen, daß aus den gespeicherten Bits und Bytes später wieder ein Bild aufgebaut werden kann. Dazu bedient man sich verschiedener Dateiformate (siehe Kasten), die am Anfang der gespeicherten Datei vermerkt sind. Es gibt Kameras, die Bilder in einer Datei»sprache« abspeichern, die nicht allgemein verständlich (kompatibel) ist. In diesem Fall kann das Dateiformat nicht von jedem Rechner oder von jeder Software gelesen werden. Zum Übertragen auf einen Rechner oder in ein Programm ist in diesem Fall immer die Kamera oder das der Kamera beigefügte Programm erforderlich.

Bei der Speicherung werden die Bilddateien oftmals komprimiert, also in verkleinerter Größe aufgezeichnet. Dies erfolgt durch eine Zusammenfassung gleicher Zeichenfolgen zu einem Kürzel und ist mit einer Kurzschrift vergleichbar.

Bilddateien können bis zu 100 MB groß werden. Um die Handhabung zu erleichtern, werden sie komprimiert.

Die Kompressionsverfahren (siehe Kasten) arbeiten mit Verlusten (JPEG, **J**oint **P**hotographic **E**xperts **G**roup) oder ohne Verluste (TIFF, **T**ag **I**mage **F**ile **F**ormat). Speicherung mit Verlust bedeutet, daß ein wiederhergestelltes Bild weniger Bildinformation enthält, als es ursprünglich hatte. Je nach Verwendungszweck des Bildes sind die Veränderungen zu vernachlässigen, beispielsweise wenn das Ausgabemedium den größeren Informationsgehalt überhaupt nicht anzeigen kann. Für die ausschließliche Verwendung von Bildern an einem Computermonitor etwa, sind Auflösungen von über 100 dpi unnötig, da der Bildschirm maximal 75–90 dpi anzeigen kann.

Die Speicherung bildet einen nicht zu vernachläßigenden Zeitfaktor. Insbesondere die Umwandlung von Bilddateien in komprimierte Dateien zur Speicherplatz-Reduzierung kostet Zeit. Während der Speicherzeit ist die Kamera nicht aufnahmebereit. Schnelle Bildfolgen sind daher nicht oder nur bei bestimmten Kameras möglich. Bei leistungsfähigen Rechenchips kann der Zeitverlust durch die Speicherung mit Datenkompression etwas dadurch ausgeglichen werden, daß durch die geringere Datenmenge einer komprimierten Dateiweniger Zeit für das Speichern aufgewandt werden muß.

Komprimierte Daten besitzen, neben den langen Rechenzeiten, den Nachteil, daß im Falle eines Schadens oder Fehlers die Wiederherstellung der Bilddatei wegen der ungewöhnlichen Struktur schwierig ist.

Kompression

Außer der Art der Schnittstelle ist auch die Menge der zu übertragenden digitalen Daten für die Dauer des Transfers bestimmend. Obwohl heute die Massenspeicher wesentlich billiger als noch vor zwei Jahren sind, werden Bilder auch heute noch oft komprimiert, bevor sie im kameraeigenen Speicher oder über eine Datenleitung in einen äußeren Speicher abgelegt werden.

Man unterscheidet Kompressionsarten, die ohne Verlust und solche, die mit Verlust arbeiten.
Dat**e**i**en** könn**en** **da**durch v**er**kl**ei**n**er**t **werden**, daß **wieder**kehr**en**de **Da**t**ei**t**ei**lstücke nicht jedesmal **wieder**holt **werden**, sond**er**n durch **ei**n Kürzel **er**setzt **werden**.
In komprimierter Form würde der gleiche Text folgendermaßen lauten:
1t23 könn3 1durch v4kl2n4t 5 1ß 6kehr3de 1t2t2tstücke nicht jedesmal 6holt 5, sond4n durch 2n Kürzel 4setzt 5.
Die Angaben in der Klammer sind die dabei verwendeten Kürzel (1 da, 2 ei, 3 en, 4 er 5 werden, 6 wieder).
Trotz der nötigen Angabe des Komprimierungsschlüssels in der Klammer wird der Text wesentlich kürzer. Bedenkt man, daß in einem längeren Text weitaus mehr Wiederholungen auftauchen als in einem Satz, so wird das Verhältnis Text zu Kompressionsschlüssel immer günstiger. Auf diese Weise können große Platzeinsparungen erzielt werden.
Auch bei Bilddateien kann dieser Vorgang verwendet werden, beispielsweise, indem die Farbwerte nicht linear nach der Intensität gekennzeichnet werden, sondern nach der Häufigkeit des Vorkommens. Ein Tonwert von 121, der nach 256 am häufigsten enthalten ist, wäre dann B (nach A).
256, 256, 56, 106, 91, 12, 8, 3, 56, 16, 121, 13, 256, 92, 8, 256, 121, 73, 256, 56, 18, 256, 121, 256, 3.
A, A, C, 106, 91, B, D, 3, C, 16, B, 13, A, 92, 28, A, B, 73, A, C, D, A, B, A, 3.
Hierbei wird der Schlüssel 256 A, 121 B, 56 C, 18 D verwendet.
Zählt man die benötigten Zeichen zusammen, so sind bei diesem Beispiel einmal 57 Zeichen und das andere Mal 33 Zeichen nötig. Der Kompressionsgrad betrüge demnach rund 47% (ohne Berücksichtigung des Zuordnungskodes von 14 Zeichen). Bei diesem Beispiel macht die Angabe des Kodes mehr als die Hälfte des Gewinns aus, bei langen Dateien fällt dies praktisch nicht mehr ins Gewicht.)
Dieses Verfahren, Zeichenfolgen zusammenzufassen, wird beim LZW-Verfahren genutzt. Auf ihm

beruhen heute die meisten Bildkompressionsverfahren. Eine andere Methode der Bildkompression beruht auf dem Grundprinzip der Huffmann-Kodierung des ersten Beispiels.
Alle Kompressionsverfahren setzen voraus, daß im Bild gleichartige Bildpunkte oder wenigstens gleichartige Helligkeitswerte vorhanden sind. Setzt sich ein Bild ausschließlich aus Bildpunkten zusammen, die in allen Informationen unterschiedlich sind, kann keine verlustfreie Kompression erfolgen. In diesem Fall ist nur noch eine Kompression, die ähnliche Bildpunkte als gleiche annimmt und abspeichert möglich (JPEG).
Verlustfreie Kompressionen sind bei Targa, TIFF (**T**ag **I**mage **F**ile **F**ormat), BMP, PCX und Mac Paint-Dateien üblich. Der Kompressionsgewinn beträgt in der Regel etwa 20%.

JPEG-Kompression

Die Kompression mit Datenverlust erfolgt nach einem Verfahren, dessen Verständnis größere Vorkenntnisse der digitalen Impulstechnik verlangt. Das DCT-Verfahren (**D**iscrete **C**osinus **T**ransformation) versteht die Impulse als zusammengesetzte Schwingungen. Dabei lassen sich wesentliche und unwesentliche Teilschwingungen unterscheiden. Durch das Abspeichern der wesentlichen Bereiche kann ein sehr hoher Kompressionsgrad erreicht werden. Vergleichbar ist der Vorgang mit dem Klang eines Musikinstruments. Der Klang einer Konzertvioline setzt sich aus einer Vielzahl von Tönen und Obertönen zusammen. Ein Synthesizer, also ein Tongenerator, erzeugt Klänge, die zwar ähnlich klingen, und damit als Violinklang empfunden werden, aber nicht die Klangfülle des wirklichen Instruments aufweisen können.
Nach dieser Kompressionsart arbeitet das JPEG-Verfahren (**J**oint **P**hotographic **E**xperts **G**roup), das bei digitalen Kameras sehr häufig verwendet wird. Bei der JPEG-Kompression werden jeweils 8x8 Bildpunkte zu einem Bildpunktfeld zusammengefaßt und deren Farbwerte so verändert, daß möglichst

viele gleiche Strukturen erscheinen. Dazu werden, je nach Einstellung des Kompressionsgrades, mehr oder weniger ähnliche Bildpunke einander angeglichen. Es gibt verschiedene Stufen der Kompression, von denen die kleinste Stufe die höchste noch erhaltene Qualität bietet. Die größte Detailtreue verlangt allerdings noch viel Speicherplatz, mit zunehmender Speicherminimierung geht ein größerer Farb- und Detailverlust einher.
Beim JPEG-Verfahren ist der Grad der Kompression und des Informationsverlustes gekoppelt. Der Kompressionsgrad kann meist eingestellt werden. – Nicht in den abgespeicherten Dateien enthaltene Informationen sind verloren.

Speichermedien

Interne Speichermedien

Neben dem eingebauten Speicher in Kompaktkameras, der meist deutlich begrenzt ist, oder der unmittelbaren Anbindung an einen Computer oder eine externe Festplatte bei Studiokameras bieten sich Wechselmedien an, um die Bilddateien aufzuzeichnen. Sie verbinden, durch die Möglichkeit eines Wechsels der Speichermedien, große Speicherkapazität mit einer Mobilität, die bei Kameras mit direkter Datenleitung fehlt. Zugleich sind die Laufwerke klein und machen die Kameras nicht unnötig schwer und unhandlich. Leider ist die Speicherkapazität der einzelnen Medien meist relativ gering, wenn man die Größe der Bilddateien betrachtet, oder sie sind sehr teuer. Da sich aber die Notwendigkeit kleiner Baugröße bei hoher Speicherkapazität nicht allein bei der digitalen Fotografie stellt, (auch bei Laptops ist sie gefragt) ist damit zu rechnen, daß die Speicherfähigkeit der Karten bei sinkenden Preisen deutlich zunehmen wird.

Die gebräuchlichsten Wechselmedien sind PC-Speicherkarten (früher PCMCIA-Karten) und Compact-Flash-Karten. Als kostensparende Variante kommen noch MiniDisks, die bisher nur für die

Audiodaten verwendet wurden, als Speichermedien in Frage.

PC-Karten

PC-Karten wurden als Erweiterungsmöglichkeit für tragbare Computer (Laptops) entwickelt. Es handelt sich um Karten von genormter Größe, die nicht nur als Wechselfestplatten, sondern auch als Modem- oder Netzwerkzusatzgeräte gebaut werden. Man unterscheidet nach der Bauhöhe die Typen I (3 mm), II (5 mm) und den deutlich dickeren Typ III (15 mm). Die Karten unterscheiden sich nicht nur in ihrer Speicherkapazität, die von 2MB (Typ I) bis zu 85MB (Typ III) reicht, sondern auch in der Art der Speicherung. Nur PC-Karten des Typs III entsprechen einer verkleinerten Festplatte, die anderen Kartentypen sind eher mit gepuffertem Arbeitsspeicher zu vergleichen. Sie sind dementsprechend kleiner im Fassungsvermögen und wesentlich teurer. Dafür sind die Speichervorgänge aber auch flinker als bei Karten des Typs III.

PC-Karten können leicht gewechselt werden. Nicht alle Laufwerke können aber, trotz internationaler Standardisierung, alle drei Typen nutzen.

Der Datentransfer ist einfach, es wird allerdings ein gesondertes Laufwerk für den Computer benötigt, die PC-Karten-Laufwerke von tragbaren Computern können in der Regel ohne Schwierigkeiten genutzt werden.

PC-Karten entstanden als Erweiterungsmöglichkeit für tragbare Computer (Bild: Knapp).

Compact-Flash-Karten

Compact-Flash-Karten sind wesentlich kleiner als PC-Karten; ihre Fläche beträgt etwa ein Viertel. Die Speicherkapazität ist mit 2-20 MB deutlich geringer, doch sollen die Speicherkapazitäten in wenigen Jahren bis auf 500 MB ausgebaut werden. Sie werden in herstellerspezifischen Laufwerken gelesen und beschrieben, können aber jeweils mit einem speziellen Adapter in den meisten PC-Karten-Laufwerken benutzt werden. Dieser Kartentypus ist noch nicht standardisiert, Namen, Größe und Kapazität wechseln von Hersteller zu Hersteller (SmartMedia-Disk, Compact-Flashmemon). Untereinander sind die Karten nicht notwendig kompatibel.

Compact-Flash-Karten speichern Dateien ohne mechanische Bauteile. Sie ähneln dem Arbeitsspeicher des Computers (20 MB Karte von der Firma SanDisk mit Adapter) (Bild: MediaNord).

MiniDisks

MiniDisks sind kostengünstige Speichermedien, die in der Unterhaltungselektronik verwendet werden. Sie bieten mit 28 MB Speicherplatz reichlich Speicherplatz (bis zu 200 Bilder) und sind dabei sehr kostengünstig.

Während bei PC-Karten und Compact-Flash-Karten ein Megabyte Speicherplatz mit etwa DM 50.- zu berechnen ist, kostet er auf MiniDisks nur einen winzigen Bruchteil, etwa DM 0,10. Durch die größeren Ausmaße und eine wesentlich empfindlichere Mechanik weisen sie aber auch deutliche Nachteile auf.

Externe Speichermedien

Externe Speicherung kann auf allen üblichen Speichermedien erfolgen, die in der Computerperipherie üblich sind.

Festplatten

Festplatten sind relativ schnell und mittlerweile sehr preiswert. Dafür haben sie nur ein festgelegtes Fassungsvermögen, das aber für die Belange der digitalen Fotografie keine ernstzunehmende Begrenzung mehr darstellt (1-2 GB).

Wechsellaufwerke

Bei den Wechsellaufwerken unterscheidet man magnetische und optische Aufzeichnungsverfahren. Zu den magnetischen Verfahren gehören die Syquest (44-270 MB) und Bernouilli-Laufwerke, wovon das erste sich als Standard durchsetzen konnte. Heute gewinnen die neuen Zip-Laufwerke (100 MB) und Jaz-Laufwerke (1000 MB) immer mehr an Bedeutung. Optische Laufwerke bieten sich überwiegend zur Archivierung an. Sie sind relativ langsam, aber sehr kostengünstig.

Externe Speicherung spielt nur bei der Studiofotografie eine Rolle, da die Laufwerke relativ groß, schwer und meist stoßanfällig sind. In der Regel verfügen auch nur professionelle Kameras über eine schnelle Datenleitung (Datenbus), die anderen Kameramodelle weisen meist nur einen sehr viel langsameren seriellen Anschluß auf.

9. Stromversorgung

Durch die Vielzahl der elektrischen und elektronischen Vorgänge bei der Bilderfassung in digitalen Kameras sind diese auf eine ausreichende Energieversorgung noch mehr angewiesen als herkömmliche Kameras.

Der Stromverbrauch digitaler Kameras liegt deutlich höher als bei herkömmlichen Kameras. Vor allem bei der Verwendung eingebauter LC-Displays oder bei Aufnahmen mit Blitzlicht steigt der Energiebedarf drastisch an. Die Gebrauchsdauer von Kameras kann zum Beispiel dann auf weniger als eine Stunde sinken.

Als Energiequelle für digitale Kameras dienen Akkus, Batterien oder Netzadapter.

Akkus

Kameras, die mit Akkus ausgestattet sind, erweisen sich durch die Wiederverwendbarkeit der Akkus nach Aufladung am Stromnetz deutlich wirtschaftlicher als die mit Alkalibatterienausgestatteten Geräte.

Akkus sind entweder integrativer Bestandteil der digitalen Kamera oder austauschbar. Fest integrierte

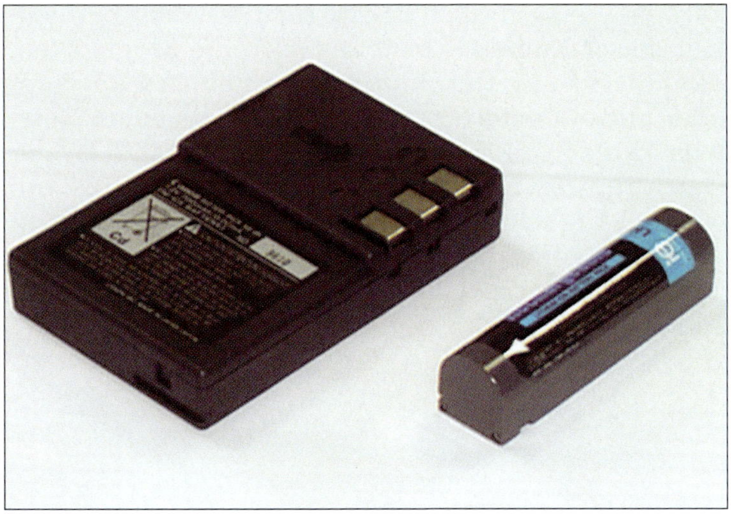

Wiederaufladbare Energiequellen wie Akkus für die Aufnahme erhöhen die Wirtschaftlichkeit digitaler Kameras. (Bild: MediaNord)

Akkus können die Energie für die Aufnahme von bis zu 1000 Bildern bereitstellen. Wechselakkus sind weniger leistungsfähig (bis zu 300 Bildern), können jedoch bei nachlassender Spannung durch aufgeladene Akkus ausgetauscht werden. Wechselakkus sind meist nur für bestimmte Kameratypen einsetzbar.

Batterien

Aus ökologischen Gründen sind wiederaufladbare Batterien Wegwerfbatterien vorzuziehen. Der Vorteil von Batterien gegenüber Wechselakkus ist, daß sie standardisiert und somit für alle Kameratypen mit Batteriebetrieb einsetzbar und fast überall erhältlich sind.

Netzadapter

Eine ausschließliche Energieversorgung durch einen 0direkten Anschluß an das Stromnetz ist nur für nicht mobile Studiokameras sinnvoll.

Manche Kameras mit Batterie- bzw. Akkubetrieb sind zusätzlich mit einem Netzadapter ausgestattet. Dies ist ein wichtiger Faktor für die Wirtschaftlichkeit dieser Kameras, bietet es doch die Möglichkeit, die Einspeisung der Bilddateien in einen Computer oder auf ein externes Laufwerk mittels eines Netzteils direkt am Stromnetz zu betreiben. Da der Datentransfer besonders bei kleinen Kameras mit einem lediglich seriellen Anschluß längere Zeit in Anspruch nimmt, kann durch die Verwendung des Netzadapters die Lebensdauer von Batterien bzw. Akkus beträchtlich verlängert werden.

10. Schnittstellen

Schnittstellen sind Anschlüsse an digitalen Geräten wie Kamera, Computer oder Festplatte, über die einzelne Geräte miteinander verbunden werden können.

Es gibt verschiedene Arten der Schnittstellen (Interface, Port), die jeweils nur mit einem entsprechenden Gegenüber kommunizieren können. Sie unterscheiden sich in der Datenmenge, die pro Zeiteinheit übertragen werden kann. Die wichtigsten Verbindungen sind serielle Anschlüsse, parallele und SCSI-Schnittstellen.

Serieller Anschluß

Beim seriellen Anschluß werden Daten kontinuierlich nacheinander Bit für Bit übertragen. Diese Übertragungsart ist sehr zuverlässig, aber auch ausgesprochen langsam.

Paralleler Anschluß

Bei parallelen Anschlüssen werden die Daten über mehrere Leitungen gleichzeitig ausgetauscht. Durch acht Drähte können 8 Bit (1Byte) auf einmal übertragen werden.

SCSI-Anschluß

Beim SCSI-Anschluß kontrolliert ein eigener Controller-Chip den Datenfluß, wodurch Durchsatzgeschwindigkeiten von 5-7 MB pro Sekunde möglich sind.

11. Scanner

Eine andere Möglichkeit, Bilddateien zur digitalen Bildbearbeitung zu erhalten, ist das Einlesen (Scannen) herkömmlicher Diafilme oder Bildabzüge.

Dazu werden Flachbettscanner, mit oder ohne Durchlichtaufsatz, spezielle Dia-Scanner oder für besonders hochaufgelöste Bilddateien, Trommelscanner verwendet.

Die technischen Vorgänge entsprechen denen der Scannerkameras und gaben dieser ihren Namen.

Flachbettscanner

Beim Scannen mit einem Flachbettscanner wird die Vorlage auf eine Glasscheibe aufgelegt, von unten beleuchtet und über eine Spiegelanordnung auf eine CCD-Leiste abgebildet.

Die Anzahl der auf der Leiste angebrachten Sensorelemente bestimmt die physikalische Auflösung. Durch Interpolation (statistische Bildpunktermittlung) oder Verschiebung des Sensorbalkens um eine halbe Sensorelementbreite (physikalische Auflösungsverbesserung) im Two-Pass-Verfahren kann die Auflösung erhöht werden. Bei einem 300 dpi Scanner für DIN A4-Formate sind etwa 2480 Sensorelemente auf den 21 cm der Sensorleiste angeordnet (kurze Seite des DIN A4-Formats).

Die Auflösung in der zweiten Dimension (Längsseite des Formats) erfolgt mittels eines Stepmotors, der mit einer Genauigkeit von etwa 0,08 mm nacheinander die Bildpunktzeilen abfährt.

Durch eine Halbierung der Schrittfolge oder durch Interpolation ist auch hier eine echte oder nur ausgleichende Auflösungsverbesserung zu erreichen.

Die Erfassung der nach Farbe getrennten Helligkeitswerte erfolgt wie bei Scannerkameras in einem (One Pass) oder mehreren Schritten (Two Pass, Three Pass). Für gewöhnlich wird ein Bild meist im One-Pass-Verfahren, also mit einer dreifachen mit unter-

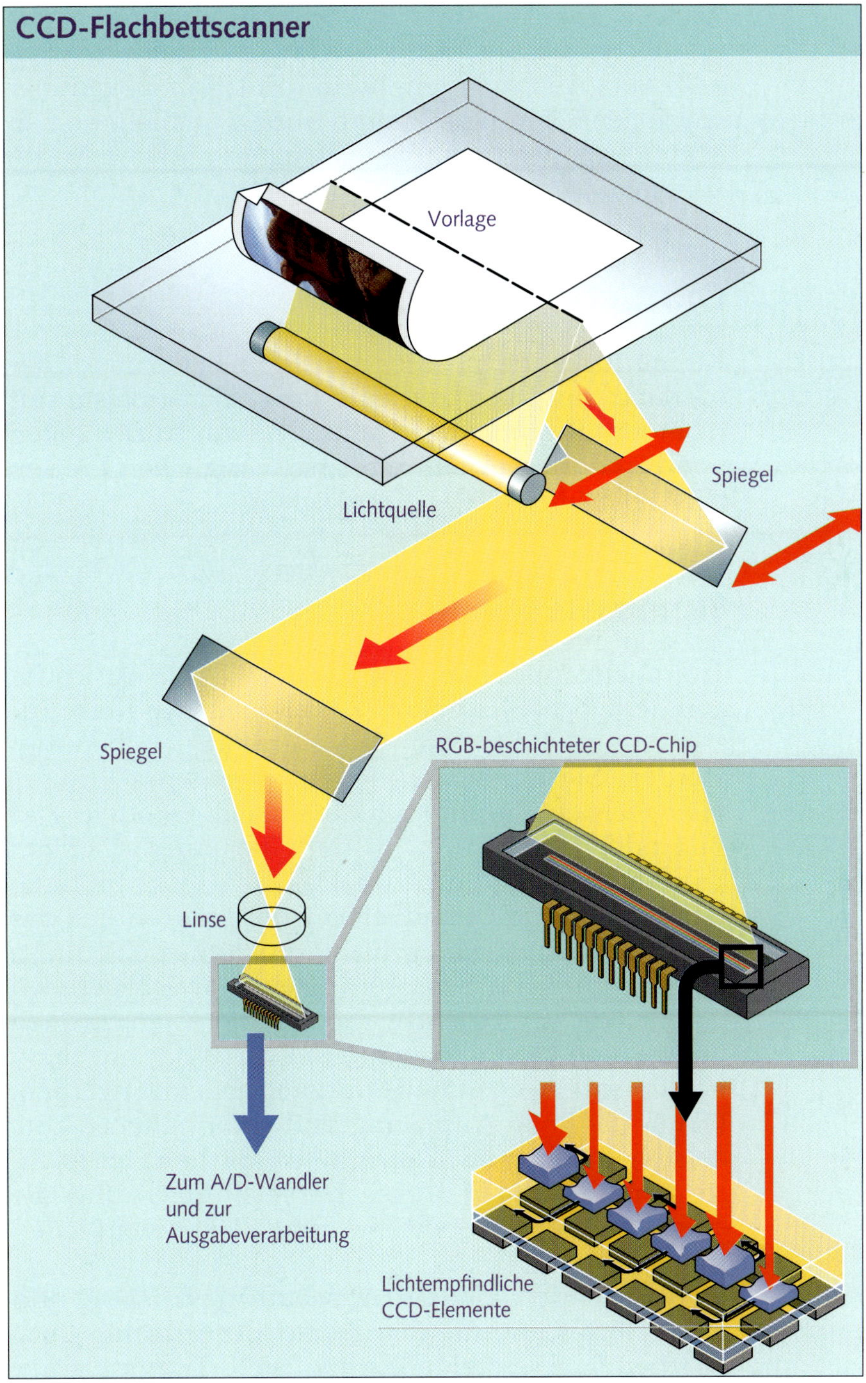

Ein Scanner ist einem stationären Fotoapparat vergleichbar (Bild: Agfa).

schiedlichen Farbfiltern versehenen Sensorleiste eingelesen.

Die Verwendung von Durchlichtaufsätzen erlaubt es, auch Diapositive einzulesen. Hierzu wird synchron zum Scankopf eine zweite Lichtquelle im Aufsatz über das Bild bewegt. Die Auflösung des Flachbettscanners bleibt jedoch unverändert, weshalb die Ausbeute an Bildinformation gegenüber speziellen Kleinbildscannern dürftig ausfällt. Erst ab Mittelformat-Diapositiven ist eine erträgliche Auflösung realisierbar.

Dia-Scanner

Kleinbildscannern, die auf kleine Formate beschränkt sind, besitzen eine kurze Sensorleiste mit dichterer Bestückung. Dadurch sind Auflösungen von 2700 dpi zu halbwegs erschwinglichen Preisen (DM 3000.- bis 4000.-) zu erreichen.

Trommelscanner

Trommelscanner erlauben weitaus höhere Auflösungen als Flachbettscanner, wie sie beispielsweise für zweiseitige Bilder im Illustriertendruck benötigt werden. Sie arbeiten nach einem anderen Prinzip. Hier werden die Bildpunkte einzeln ermittelt. Das Bild oder Diapositiv wird auf einer durchsichtigen Trommel plan aufgespannt. Das Licht einer im Inneren der Trommel befindlichen Quelle wird durch das Bild über Ablenkspiegel auf drei unterschiedliche farbempfindliche Sensoren geleitet. Diese nehmen parallel die Helligkeitswerte für die roten, grünen und blauen Farbanteile auf, die verstärkt und dann in der entsprechenden Bilddatei abgelegt werden. Durch die hohe Auflösung und Informationsdichte entstehen sehr große Dateigrößen, die hohe bis höchste Anforderungen an die Datenleitungen und die angeschlossenen Speicher- und Rechnereinheiten stellen.

Wegen der hohen Anschaffungskosten und einer Auflösung, die den Bedarf der privaten Bildbearbeiter übersteigt, finden sich Trommelscanner bis heute nur im professionellen Bereich. In den seltenen Fällen, in denen für die Privatperson eine derart hohe Qualität erforderlich ist, kann er ein Bild auch, gegen Entgelt, bei einem Bilderfassungsbetrieb auf diese Weise einlesen lassen.

PMT-Trommelscanner

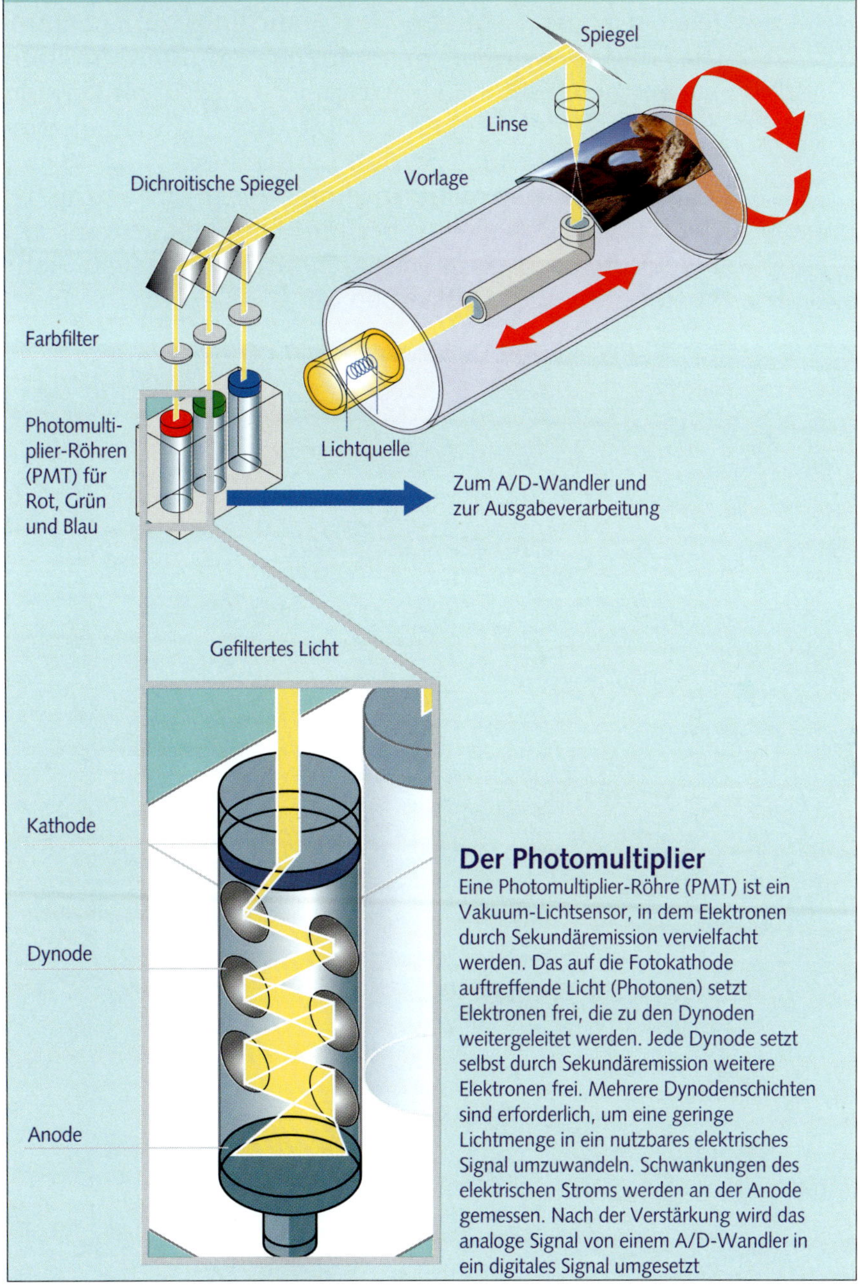

Der Photomultiplier

Eine Photomultiplier-Röhre (PMT) ist ein Vakuum-Lichtsensor, in dem Elektronen durch Sekundäremission vervielfacht werden. Das auf die Fotokathode auftreffende Licht (Photonen) setzt Elektronen frei, die zu den Dynoden weitergeleitet werden. Jede Dynode setzt selbst durch Sekundäremission weitere Elektronen frei. Mehrere Dynodenschichten sind erforderlich, um eine geringe Lichtmenge in ein nutzbares elektrisches Signal umzuwandeln. Schwankungen des elektrischen Stroms werden an der Anode gemessen. Nach der Verstärkung wird das analoge Signal von einem A/D-Wandler in ein digitales Signal umgesetzt

Trommelscanner ermöglichen Qualitäten, wie sie der professionelle Bereich erfordert (Bild: Agfa).

Handscanner

Handscanner sind bewegliche Sensorleisten, die über das Bild geführt werden. Die Breite der Sensorleiste ist aus Gründen des Handlings nur schmal, die Bilder werden aus einzeln erfaßten Streifen zusammengesetzt. Der Ausgleich der schwankenden Schrittgeschwindigkeit erfolgt durch die Registrierung des Vorschubs an den Laufrollen.

Für die Ansprüche digitaler Bildbearbeitung ist der Handscanner nur bedingt tauglich, zumal ein Flachbettscanner bei den heutigen Preisen sehr kostengünstig zu erwerben ist.

Auch ein herkömmliches Bild kann mit einem Scanner in ein digitales umgewandelt werden.

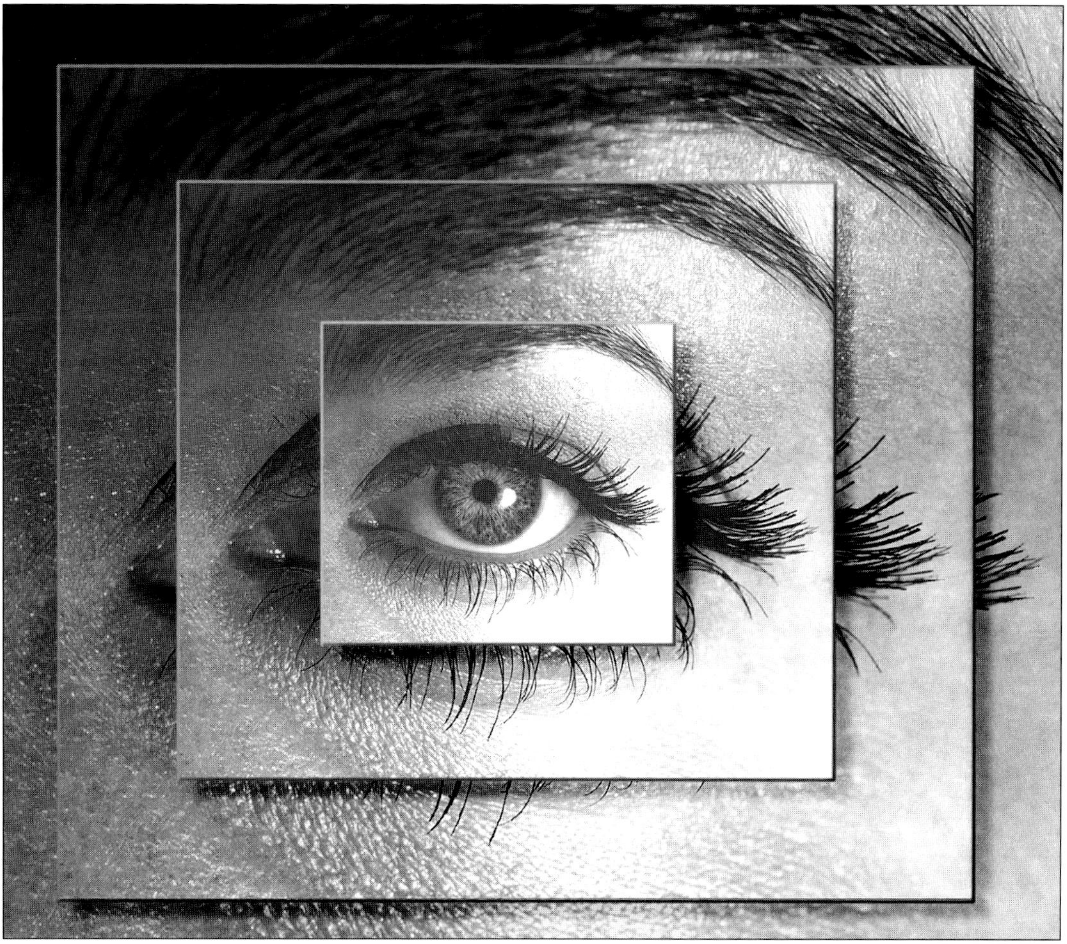

12. Photo-Compact-Disc

Eine weitere Möglichkeit, relativ preiswert zu digitalen Bilddateien zu kommen, ist die Photo-CD (**C**ompact **D**isc).

Kodak entwickelte dieses Verfahren zusammen mit einem eigenen Dateiformat PCD (**P**hoto **CD**), das heute die meisten Bildbearbeitungsprogramme lesen können.

Eine Photo-CD faßt die digitalen Bilddateien von bis zu 100 herkömmlichen Bildern. Die Diapositive oder Negativstreifen des Films werden mit einem hochauflösenden Kodak-PCD-Scanner (2170 dpi) eingelesen und in verschiedenen Auflösungen abge-

Die Photo-CD eignet sich ideal als Archiv für digitalisierte Bilder.

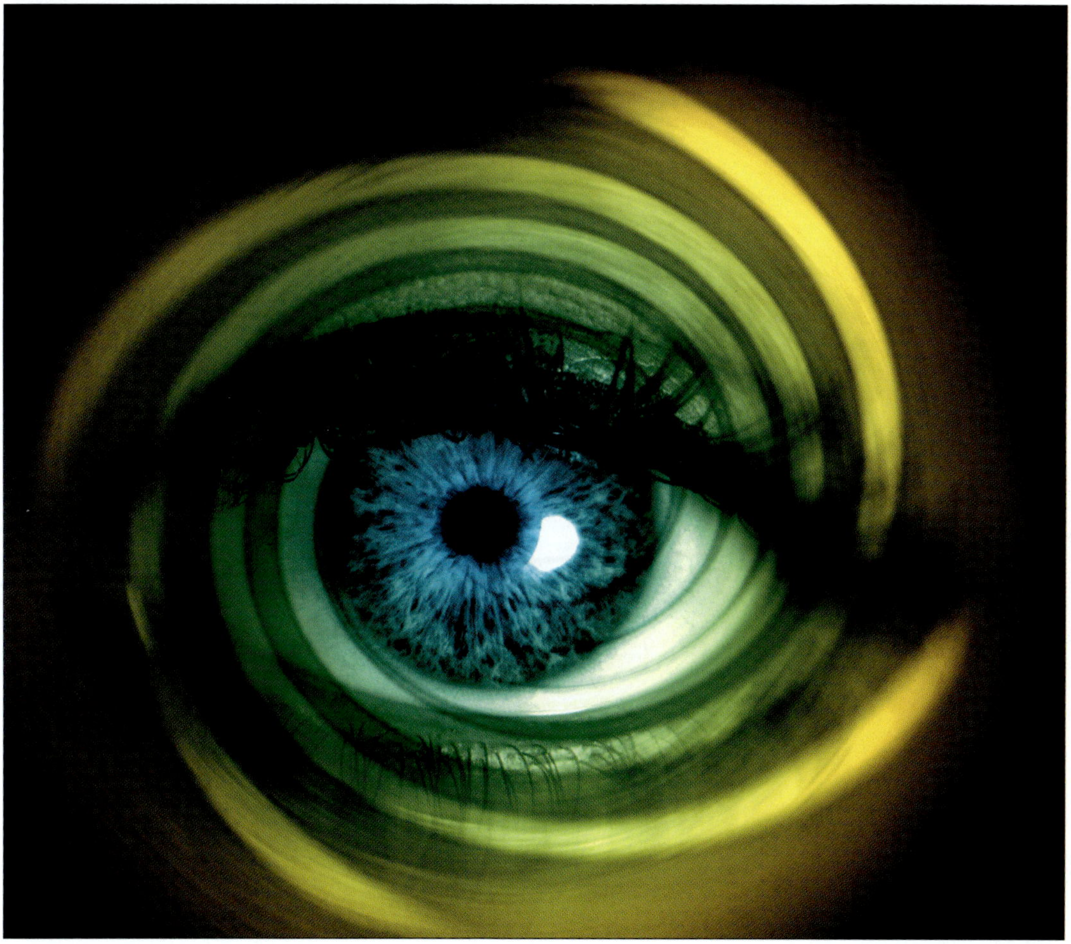

legt. Die Dateien gehen von 2048 x 3077 Bildpunkten bis zu 128 x 192 und werden in 25 Bit Farbtiefe erfaßt. Dadurch variiert die Größe der Bilddateien zwischen 18 MB in der höchsten Auflösung und 0,1 MB in der kleinsten Auflösung für den digitalen Kontaktstreifen. Die Photo-CD von Kodak ist mulitsessionfähig, das heißt die Photo-CD kann nach und nach mit weiteren Bildern bespielt werden, sofern noch Speicherplatz vorhanden ist.

Falls die Auflösung für besondere Zwecke nicht ausreicht, wie die Wiedergabe über zwei Zeitschriftenseiten, können von Durchlichtvorlagen auch Dateien mit 4096 x 6144 Bildpunkten (72 MB) angelegt werden. Dies reduziert die Speicherkapazität einer Photo-CD auf 20 Bilder und erfordert den Einsatz eines höherwertigen Scanners.

Die Photo-CD von Kodak ist auf allen Betriebssystemen lesbar und erlaubt beim Import in ein Bildbearbeitungsprogramm bereits eine Optimierung der Wiedergabe, – die auch eine speziell auf Kodak-Filme ausgerichtete Einstellung enthält (Universal Ektachrome V 2.0, Universal Kodachrome V 2.0, Color Negativ V 2.0).

13. Motivwahl, Lichtbedingungen und Handling

Motivwahl

Unbewegte Motive, vom Hosenknopf bis zum Fernsehturm, machen der elektronischen Aufnahmetechnik keine Schwierigkeiten, wenn man gelernt hat, mit kameraspezifischen Eigenheiten wie der Blickwinkelverengung umzugehen.

Schwieriger ist es mit bewegten Objekten. Manche Kameras wie Scannerkameras sind dazu unbrauchbar, andere Kameras wie Multiple-Shot-Kameras sind auf eine Schwarz-Weiß-Erfassung bewegter Motive beschränkt.

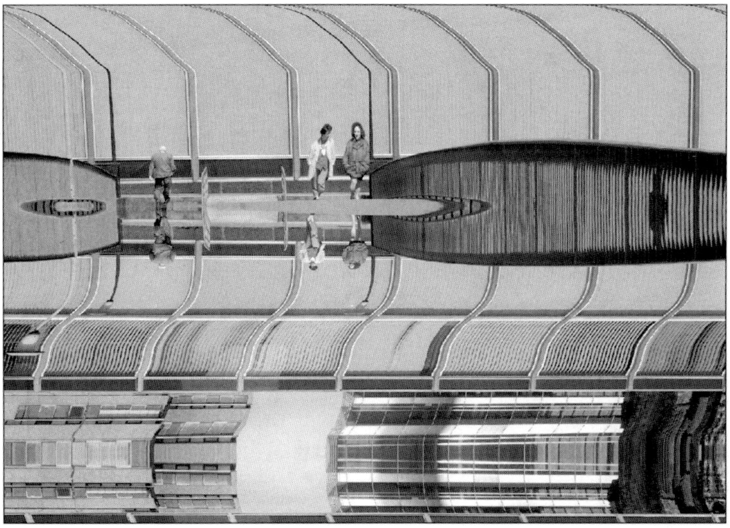

Die lange Aufnahmedauer führt zur Verzerrung bewegter Objekte. (Bild: Thomas Hampel/ Manfred Wigger).

Die digitalen Kompaktkameras können bewegte und unbewegte Motive aufzeichnen, sind aber oft auf bestimmte Lichtverhältnisse angewiesen. Die besten Aufnahmen gelingen mit einfachen Kameras bei hellem, wolkenbedecktem Himmel. Bei dunklen Wolken verschwinden bereits die Konturen, bei Sonnenschein übertrumpfen die Helligkeitsausreißer oft noch das strahlendste Lächeln.

Bildfolgen

Schnelle Bildfolgen sind nur mit wenigen teuren Kameras möglich. Und selbst diese erlauben nur kurze Schußfolgen. Danach ist der schnelle Bildspeicher voll und die Bilder müssen im festen Speicher abgelegt werden. Während dieser Zeit können keine weiteren Aufnahmen erfolgen.

Lichtbedingungen

Ein fehlender Weißabgleich führt zu Fehlfarbigkeit, die erst im nächsten Schritt bei der digitalen Bildbearbeitung korrigiert werden muß.

Anders als bei der herkömmlichen Fotografie kann die Farbempfindlichkeit nicht durch die Wahl des Filmmaterials beeinflußt werden. Die Empfindlichkeit des Sensors ist nur der Größe nach, nicht aber farb- oder tonwertspezifisch manipulierbar. Korrekturen sind erst mit der entsprechenden Software am Rechner vornehmbar. Bei der Aufnahme verschiebt sich, je nach der überwiegend einfallenden Wellenlänge des Lichts, der Weißwert. Die automatische Abstimmung stimmt sich auf den größten Helligkeitswert ein. Es werden hierbei auch die am Sensor gemessenen Helligkeitsverteilungen berücksichtigt, die Wiedergabegenauigkeit ist aber nicht in jedem Fall gegeben. Hier empfiehlt sich eine sofortige Korrektur des Weißwerts vor Ort, da eine nachträgliche Korrektur zwangsläufig mehr auf die Bildstimmigkeit hin erfolgen wird als auf die Abbildungsgetreuigkeit.

Weißabgleich

Je nach den Farbanteilen des vorherrschenden Umgebungslichtes, werden Bilder auf dem Film oder CCD-Sensor anders aufgenommen als im menschlichen Auge. Das Auge korrigiert die Farbstichigkeit, der Film oder CCD-Sensor zeichnet linear auf. Bei der herkömmlichen Aufnahmetechnik konnte der Fotograf durch die Verwendung

von Farbfiltern und an das Licht angepaßtes Filmmaterial (Tageslicht- oder Kunstlichtfilm) die Aufnahme dem Eindruck anpassen. Der Belichtungsmesser wurde mit einer Karte mit einem neutralen Grauwert (Graukarte) abgestimmt.
Bei digitalen Kameras ist ein Korrektur anders möglich, da die gespeicherten Werte nicht ein für allemal festliegen, sondern als Zahlenwerte noch manipuliert werden können.
Die Bezeichnung »weißes Licht« ist irreführend, denn die Helligkeitsabstufungen entsprechen einer Grautonabfolge, bei der weiß nur die höchste Intensität kennzeichnet. Alle Werte dieser Abfolge weisen gleiche Intensitätsgrade der rot, grün und blau erfaßten Helligkeitswerte auf.
Weiß sind demnach die Stellen im Bild, an denen alle drei Farbkomponenten im gleichen Maß den höchsten erfaßbaren Impuls in einem Sensorelement auslösen.
Ein so ermittelter Weißwert führt aber in der Praxis zu Farbstichen, da das natürliche Umgebungslicht fast nie reinweiß ist, sondern je nach Beleuchtungsquelle immer leicht davon abweicht. Sonnenlicht verursacht einen Blau-, Kunstlicht einen Rotstich.
In einer digitalen Kamera erfolgt ein automatischer Weißabgleich, bei dem die Farbanteile des Umgebungslichtes aus an den Sensorelementen ermittelten Farb-Helligkeitswerten errechnet werden. Dabei werden geringe Abweichungen eines Farbanteils bei sonst gleicher Intensität der anderen beiden Farbanteile registriert und die Helligkeitswerte einander angeglichen. Die Parameter dieser Korrekturen werden auf alle Bildpunkte der Aufnahme angewendet und bewirken dadurch ein Korrektur der Farbverschiebung durch das vorherrschende Umgebungslicht.
Zum manuellen Abgleich wird die Kamera auf ein weißes Objekt gerichtet, beispielsweise ein Blatt Papier. Der Wert dieses Bildes dient dann als Grundlage eventueller Farbkorrekturen.
Die Farbkorrektur muß nicht sofort erfolgen, es genügt ein Vermerk in der Bilddatei, der dann im Rahmen des Übertragens der Bilddateien oder beim Öffnen der Bilder zur Korrektur führt.

Die Weißwerte unterscheiden sich je nach Beleuchtungssituation, man spricht auch von Farbtemperaturen. Die Farbtemperatur entspricht der Temperatur eines schwarzen Körpers, wenn dieser zum Glühen gebracht, Licht derselben Wellenlänge ausströmt.

Tageslicht wird als neutrales »weißes« Licht wahrgenommen. Morgenrot, Dämmerung und Sonnenuntergang verschieben die Färbung nach rot, zu wärmerem Licht (bei niedriger Farbtemperatur) oder zu kälterem Licht mit höherem Blauanteil (bei höherer Farbtemperatur). Mittagssonne besitzt beispielsweise eine Temperatur von 5600 Kelvin, Tageslicht bei Nebel von 8500 Kelvin. Der Weißabgleich bei Tageslicht erfaßt die Stellen mit den höchsten gleichen Farbwerten.

Blitzlicht wird als helles Licht wahrgenommen (3800 Kelvin). Der Weißabgleich umfaßt nur den vom Blitzlicht erhellten Raum, in den dunklen Partien des Bildes können Farbabweichungen (rot – blau) erscheinen.

Kunstlicht (von 2600 Kelvin bei Glühbirnen über 3400 Kelvin bei Fotolampen bis 6500 Kelvin bei Leuchtstoffröhren) erfordert vom Fotografen ein besonders feines Gefühl bei einem manuellen Weißabgleich. Bei Kunstlicht sind die Wellenlängenbereiche je nach Medium nach oben oder unten verschoben und ergeben einen Blau- oder einen Rotstich. Vor allem bei langdauernden Aufnahmen im Studio haben Lampen einen bedeutenden Einfluß auf die Bildqualität. Durch die lange Zeitspanne der Aufnahme mit Scannerkameras zeichnet sich ein für das Auge unmerkliches Flackern auf dem erfaßten Bild ab. Daher ist hier auf die größtmögliche Gleichmäßigkeit des ausgesandten Dauerlichts zu achten, um Aufzeichnungsfehler zu vermeiden.

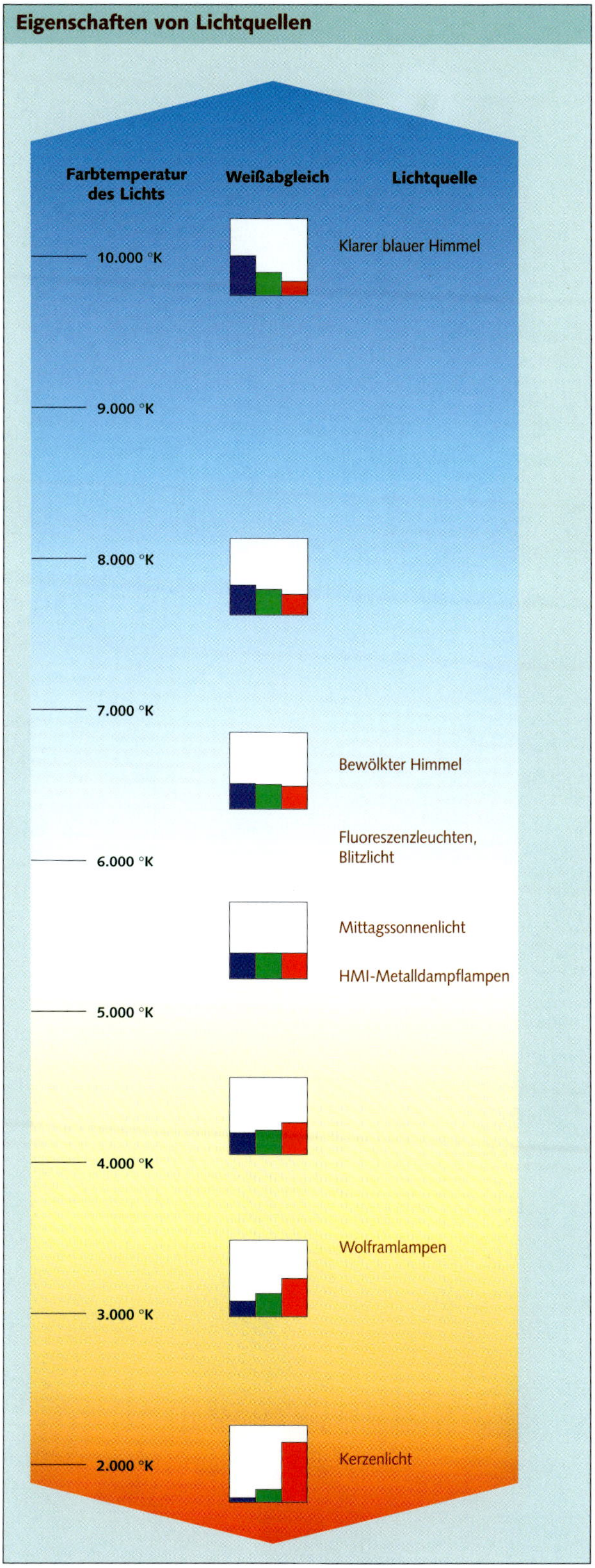

Auch das normale „weiße" Licht ist unterschiedlich zusammengesetzt (Bild: Agfa).

14. Das Tor zur Bildbearbeitung

Voraussetzungen

Neben einem Bild in digitaler Form, einer Bilddatei, erfordert die digitale Bildbearbeitung einen Bildschirm-Arbeitsplatz mit Rechner und Monitor und einem geeigneten Bildbearbeitungsprogramm.

Darstellung einer Bilddatei

Die Darstellung einer Bilddatei zur Bildbearbeitung erfolgt auf einem Ausgabegerät. Das angezeigte Bild ist aber nicht real, sondern virtuell, es wird also nicht das Bild, sondern lediglich die Möglichkeit eines Bildes dargestellt.

Bildschirmbilder sind trügerisch. Sie erscheinen authentisch, sind aber nur zum Schein.

Die Darstellung ist dem später ausgegebenen Bild angenähert, aber nicht gleich. Ein Bild beispielsweise, das auf dem Monitor bei 100%iger Darstellung bildschirmfüllend erscheint, ist im Ausdruck wesentlich kleiner. Es werden Farben angezeigt, die im Druck nicht erzeugt werden können und so fort.

Die Darstellung eines Bildes lediglich in einer seiner vielen Möglichkeiten, erlaubt es, das Bild so umzuformen, daß das ausgegebene Bild den eigenen Vorstellungen, dem eigenem Gestaltungswillen angepaßt wird.

Möglichkeiten der Bildbearbeitung

Bei der digitalen Bildbearbeitung gibt es, je nach dem Grad der Abbildtreue, verschiedene Möglichkeiten.

Die digitale Bildkorrektur

Die digitale Bildkorrektur verändert eine Bilddatei nur insoweit, daß aufnahmebedingte Fehler beseitigt werden. Die veränderte Bilddatei gleicht daher weitestgehend dem erfaßten Bild.

Die digitale Bildoptimierung

Die digitale Bildoptimierung verändert die Informationen eines Bildes so ab, daß sie auf ein Ausgabemedium hin optimiert werden. Dazu werden die Informationen eines Bildes in andere Farbsysteme umgesetzt, Auflösung und Farbtiefe verändert, Ausschnitte festgelegt, Bildelemente hervorgehoben usw.

Die entstandene Bilddatei gleicht dem erfaßten Bild noch im Motiv, kann ansonsten aber, abhängig vom Manipulationsausmaß, bereits sehr davon abweichen.

Die digitale Bilderzeugung

Die digitale Bilderzeugung verändert eine oder mehrere Bilddateien so, daß ein neues Bild entsteht.

Dieses Bild kann Elemente eines anderen Bildes enthalten oder lediglich zitieren. Das Resultat ist ein eigenes Produkt, das von der elektronischen Bilderfassung weitgehend unabhängig ist.

Ort der Bildbearbeitung

Die Bildbearbeitung erfolgt im Arbeitsspeicher eines Computers. Der relativ teure Arbeitsspeicher muß ausreichend für die Größe des zu bearbeitenden Bildes dimensioniert sein.

Der Arbeitsspeicher speichert nur zeitlich begrenzt eine Bilddatei, mit dem Ausschalten geht die Information verloren. Es ist dadurch möglich, sich gewünschte Änderungen anzeigen zu lassen, ohne die Bilddatei als solche zu verändern zu müssen. Die angezeigten Veränderungen gehen jedoch verloren, wenn der Strom ausfällt oder der Computer abstürzt und neu gestartet werden muß.

Bildbearbeitungsprogramme

Es gibt viele Bildbearbeitungsprogramme auf dem Markt, die sehr verschieden sind, was Funktionsumfang und Preis anbelangt. Funktionsumfang und Preis müssen aber nicht in jedem Fall zusammenhängen, es gibt im Shareware-Bereich sehr kostengünstige Programme, die den Vergleich mit teuren professionellen Programmen nicht scheuen müssen.

Viele digitale Kameras werden mit Programmen ausgeliefert, die neben der Übertragung auf einen Computer auch eine digitale Bildbearbeitung erlauben. Der Umfang der gebotenen Möglichkeiten und die Qualität der Korrekturen hängt dabei vom mitgelieferten Programm ab.

Import von Bilddateien

Bevor eine digitale Bilddatei in einem Bildbearbeitungsprogramm bearbeitet werden kann, muß sie erst im Programm verfügbar gemacht werden. Sie muß in das Programm importiert werden oder in einem Dateiformat vorliegen (siehe Kasten), welches das Bildbearbeitungsprogramm lesen kann.

Formate sind Bildbeschreibungssprachen, die fast so verschieden sind wie die Sprachen des Menschen. Nicht alle Formate, mit denen digitale Kameras ihre Bilder im Speicher ablegen, sind von einem Bildbearbeitungsprogramm lesbar. Damit ein Programm eine digitale Bilddatei darstellen und bearbeiten kann, muß sie zuerst in ein, dem Programm geläufiges Format übersetzt werden. Diesen Vorgang nennt man Importieren. Die Lesbarkeit von Bilddateien hängt also vom Programm selbst und den mitgelieferten Importfiltern ab. Unter Umständen ist es möglich, ein Programm aufzurüsten, um ein neues Dateiformat importieren und bearbeiten zu können. Beim Import wird das Dateiformat in ein für das Programm verständliches Format übersetzt. Beim Speichern bleibt die Bilddatei in diesem Format, nur der Befehl *Exportieren* oder *Speichern unter* enthält die Möglichkeit, die bearbeitete Bilddatei wieder in das Ausgangsformat zu übersetzen.

Wichtig für das Verständnis einer Bilddatei ist ihre Begrenzung auf eine Ebene. Ein digitales Bild ist ausschließlich zweidimensional. Wird ein Bildausschnitt entfernt oder ein neues Bild darübergelegt, ersetzt die Hintergrundfarbe oder das neue Bild die vorher für die Bildpunkte festgelegten Werte. Die ursprünglichen Werte gehen dabei verloren, wenn das veränderte Bild gespeichert wird.

Manche Bildbearbeitungsprogramme bieten die Möglichkeit auf verschiedenen Ebenen zu arbeiten. Dadurch können Bildelemente übereinander plaziert werden, ohne daß die ursprüngliche Bildinformation aufgegeben werden muß.

Dateiformate

Man unterscheidet beim digitalen Bild verschiedene Dateiformate. Sie sind nötig, damit die einzelnen Bauteile und Programme miteinander kommunizieren können.

Daher kann es zwar eine »Datei«sprache zwischen Bildspeicher und Kamera geben, die beide verstehen, die aber sonst so unverständlich ist, wie ein melanesischer Papuadialekt.

Meist werden daher die Daten auf einige Formate beschränkt angelegt, die fast jedes Programm verstehen kann, vergleichbar einer Weltsprache wie dem Englischen.

Die Formate für Bilddateien sind in zwei Gruppen unterschieden, vektororientierte und bildpunktorientierte Dateiformate.

Sie unterscheiden sich in der Art, wie die Bildpunkte eines Bildes angesteuert werden.

Durch Bezier-Kurven vektororientierte Formate kennzeichnen Bildpunkte ähnlich einer mathematischen Funktion . Dadurch lassen sich die Bildpunkte unabhängig von der Ausdehnung genau beschreiben. Sie werden nicht einzeln angesprochen, sondern nur als Punktmenge beispielsweise einer Parabel als Funktion von x^2. Sie sind zur Bildbeschreibung untauglich, werden aber in manchen Bildbearbeitungsprogrammen verwendet, um Bearbeitungspfade schnell erstellen zu können.

Bildpunktorientierte Grafikformate sprechen jeden Bildpunkt einzeln an. Man nennt sie auch pixelorientierte Dateiformate (von **pic**ture **el**ement), da sie wie ein Schachbrett aufgebaut sind. Jedem der Felder ist genau ein Informationssatz zur Beschreibung eines Punktes zugeordnet. Die Information eines Bildes kann damit eindeutig festgelegt werden, daher werden diese Formate zur Beschreibung der Information eines digitalen Bildes genutzt.

Plattformübergreifende Dateiformate

Allgemeine Alleskönner

TIFF

Das TIFF (**T**ag **I**mage **F**ile **F**ormat) wurde für den Gebrauch in Layoutprogrammen entwickelt und hat sich als Standardformat durchgesetzt, das alle Bildbearbeitungsprogramme lesen können. Es bietet neben der Möglichkeit einer verlustfreien Kompression nach dem LZW-Algorithmus weitere Vorteile wie die zusätzliche Speicherung von Farbauszügen und Alpha-Kanälen oder gesonderte Speicheroptionen für Macintosh (TIFF) und PC (.tif).

EPS

Das EPS (**E**ncapsulated **P**ost**S**cript) ist das zweite plattformübergreifende Bilddateiformat, das sich als Standard durchgesetzt hat.

Wie das TIFF aus dem Gebrauch im DTP (**D**esk **T**op **P**ublishing) entstanden, war es ursprünglich für Vektorgrafiken bestimmt, um einen problemlosen Austausch zwischen den verschiedenen Arbeitssystemen zu erlauben. Mittlerweile ist auch ein Definition für Pixel-Bilder enthalten. Das Format ist sehr stabil und sicher. Zusätzlich bietet es wie das TIFF den Vorteil, Farbauszüge und Alpha-Kanäle zu speichern. Hinzu tritt noch die Möglichkeit, Duplex-, Triplex- und Quadruplexkurven, Beschneidungspfade und Angaben zum Raster und Drucker mit abzuspeichern.

Kompressionsoptimierte Formate

JPEG

Das JPEG (**J**oint **P**hotographics **E**xperts **G**roup) ist eigentlich ein Kompressionsverfahren, das entwickelt wurde, um große Bilddateien besser zu handhaben. Die Farbtiefe beträgt 24 Bit. Kompressionsgrad und Speicherbedarf bedingen einander und führen zu Verlusten bei der Bildinformation.

GIF

Das GIF (**G**raphics **I**nterchange **F**ormat) wurde von CompuServe eingeführt, um im Netz Bilddateien besser verfügbar zu machen. Es ist auf 256 Farben beschränkt, was die Verwendbarkeit für digitale Bilder sehr eingeschränkt.

Programmbezogene Dateiformate

PSD

Das photoshopeigene Dateiformat PSD erlaubt die Speicherung von Funktionen des Programms wie Ebenen, Beschnittpfaden zur Weiterverarbeitung innerhalb der Programme des gleichen Herstellers. Durch die weite Verbreitung von Adobe Photoshop als Standardprogramm der professionellen Bildbearbeitung ist der Gebrauch des Formats üblich, allerdings nur zum programmbezogenen Austausch.

PCD

Die Kodak Photo-CD verwendet ein eigenes Dateiformat, das plattformunabhängig nur gelesen, aber nicht geschrieben werden kann. Die Farbtiefe kann maximal 36 Bit betragen.

Daneben gibt es noch weitere programmbezogene Formate wie Scitex (.sct), Picture Publisher (.pp6), Corel Photo Paint (.cpt), PhotoImpact (.ufo) oder das neue Format für Digitalkameras von Kodak RADC (**R**un **A**daptive **D**ifferential **C**oding).

Plattformbezogene Dateiformate

Unterschiedlich für die Systemplattformen gibt es weitere pixelorientierte Formate.

BMP (**Bit**ma**p**) ist dasallgemein verwendete Pixelformat für den PC (.bmp), PICT für den Macintosh. Die Farbtiefe kann 32 Bit betragen.

TARGA war ein PC-bezogenes Standardformat zur Bildbearbeitung, ist aber von TIFF und EPS abgelöst worden.

Bearbeitung einer Bilddatei

Die Bearbeitung einer Bilddatei kann sich auf die Bilddatei insgesamt, auf einzelne Farbkanäle oder auf einzelne ausgewählte Bildbereiche beziehen.

Die dazu zur Verfügung stehenden Werkzeuge und Funktionen sind in allen Bildbearbeitungsprogrammen annähernd gleich. Die Programme unterscheiden sich nur im Funktionsumfang, der Differenzierung der einzelnen Funktionen und deren Bezeichnung.

Auch die Zuordnung zu Programm-Menüs oder die Anordnung in Werkzeugpaletten und die verwendeten Symbole sind etwas unterschiedlich, doch fällt es mit einiger Grundkenntnis leicht, sich mit den einzelnen zur Verfügung stehenden Bildbearbeitungsprogrammen zurecht zu finden.

15. Im Reich der digitalen Bilder

Digitale Bilddateien sind immer pixelorientiert, da nur die Darstellung mit einzeln ansprechbaren Bildpunkten eine photorealistische Wiedergabe erlaubt. Das Bild wird daher, vereinfacht gesagt, als Schachbrettmuster mit unzähligen Bildpunkten dargestellt, von denen jeder einen unterschiedlichen Helligkeits- und Farbwert annehmen kann.

Helligkeitsstufen

Ein Pixel ist der kleinste Bildpunkt eines digitalen Bildes (siehe Kasten). Die Darstellung der möglichen Helligkeitsstufen wird in der Farbtiefe festgelegt.

Je mehr Speicherplatz für die Kennzeichnung der Helligkeitswerte zur Verfügung gestellt wird, umso näher kann ein Bild der natürlichen Helligkeitsverteilung sein. Jede Farbe benötigt einen eigenen zugeordneten Helligkeitswert. Je nachdem, in welchem Medium die endgültige Bildausgabe erfolgen soll, sind mindestens die Helligkeitswerte (rot, grün, blau) für die Bildschirmausgabe oder vier Helligkeitswerte (cyan, magenta, gelb, schwarz) für den Druck erforderlich.

Wege der Information

Die Aufzeichnung der Helligkeit erfolgt in sogenannten Kanälen, die nach dem angesprochenen Farbwert als Rot-Kanal, Grün-Kanal oder Blau-Kanal bzw. Cyan-, Magenta-, Gelb- oder Schwarz-Kanal bezeichnet werden.

Oft kommt noch ein zusätzlicher Alpha-Kanal hinzu, in dem weitere Informationen zum Bild, die bei der Bilderfassung oder Bildbearbeitung aufgezeichnet wurden, zur Verfügung gehalten werden. Die Informationen des Alpha-Kanals können beispielsweise bestimmte Auswahlbereiche des Bildes oder digitale Abdeckmasken umfassen. Er ähnelt, wenn auch nur im weiteren Sinn dem Magnetstreifen eines APS-Filmes (**A**dvanced **P**hoto **S**ystem), auf dem Angaben zum Bildformat, zur Blende und Belichtung, Datum und Uhrzeit gespeichert werden können. Diese sind mit der reinen Bildinformation, die in den Silberhalogeniden aufgezeichnet werden, nur indirekt verbunden. Dennoch können die Daten für die Laborentwicklung, Archivierung oder Nachbestellung wichtig sein.

Die Angaben im Alpha-Kanal eines Bildes sind dem digital gespeicherten Bild ähnlicher als die Angaben auf dem gesonderten »Tonstreifen« einer APS-Kamera dem Filmbild. Sie enthalten aber wichtige Bildzusatzinformationen, die bei erneuter Verwendung der Bilddatei, bei Bearbeitung und Bildausgabe sehr nützlich sein können.

Von Pixeln und Dots

Das Pixel ist die kleinste unterscheidbare Einheit eines Bildes, die alle Informationen eines Farbpunktes enthält. Bei einem Farbbild sind dies mindestens die Helligkeitswerte für die Grundfarben des verwendeten Farbsystems.

Keines der Ausgabemedien kann in einem Punkt gleichzeitig verschiedene Farbwerte darstellen, die Bildpunkte erscheinen daher immer als Gruppe von Darstellungspunkten, den Dots.

Ein Dot ist der kleinste darstellbare Punkt eines Ausgabemediums, also der kleinste Baustein eines von der digitalen Bilddatei erzeugten Bildes. Seine

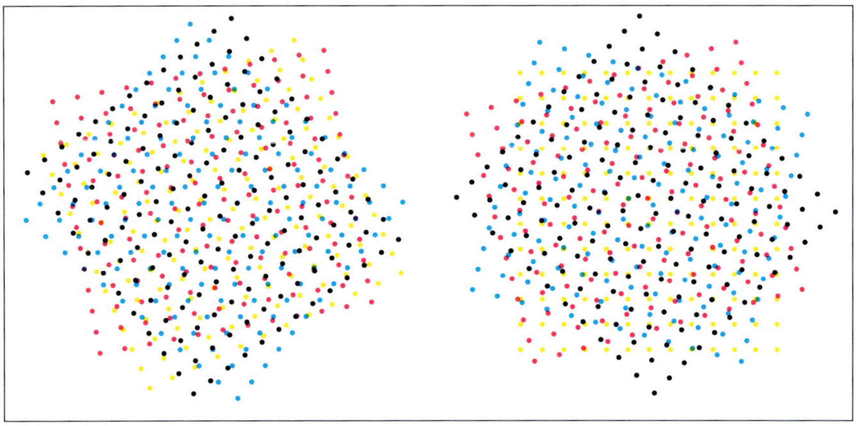

Im Druck müssen für jeden Bildpunkt mehrere Darstellungspunkte verwendet werden. Dabei bilden sich geometrische Muster (Bild: Agfa).

Größe ist von Ausgabemedium zu Ausgabemedium verschieden.

Das Schachbrettmuster eines digitalen Bildes zeigt daher auf jedem seiner Felder nochmals eine Unterteilung, die nicht digital, sondern physikalisch notwendig ist – sie entspringt lediglich der Beschränkung des Ausgabemediums.

Der Grad der Unterteilung des Schachbrettfeldes oder des einzelnen Bildpunktes ist davon abhängig, ob das Ausgabemedium alle Darstellungspunkte in gleicher Intensität und gleicher Größe wiedergibt, oder einen der beiden Parameter bzw. beide unterschiedlich darstellen kann.

Der Kathodenstrahl einer Bildröhre beispielsweise kann die Bildpunkte auf der phosphoreszierenden Oberfläche des Bildschirmes mit verschiedener Energie ansteuern und sie dadurch mehr oder weniger stark zum Leuchten bringen.

Ein Druckpunkt eines Nadeldruckers ist in Größe und Intensität immer gleich.

Im Dschungel der Auflösungen

Die Fähigkeit, einzelne Darstellungspunkte wiederzugeben, wird als Auflösungsvermögen des Ausgabemediums bezeichnet. Sie wird meist ebenfalls in dots per inch (dpi) angegeben. Dadurch wird große Verwirrung gestiftet, denn die Annahme, die Auflösung eines Gerätes sei zugleich dessen Fähigkeit, Bildpunkte wiederzugeben, ist falsch. Anders als die Werte beim Aufnahmegerät, welche die durch einen CCD-Sensor erfaßbaren Bildpunkte angeben, beziehen sich die dpi-Werte beim Ausgabegerät nicht auf die Bildpunkte, sondern auf die darstellbaren Ausgabepunkte.

Die Angaben über die Auflösung sind unterschiedlich, je nachdem ob es um Bildaufzeichnung oder Bildwiedergabe geht.

Die Bildpunkt-Auflösung ist in jedem Fall kleiner als die Darstellungspunkt-Auflösung, sie wird in pixel pro inch (ppi) angegeben. Das Verhältnis zwischen Darstellungspunkt-Wiedergabe und Bildpunkt-Wiedergabe ist neben der Fähigkeit, unterschiedliche Darstellungspunkte zu erzeugen, von der Helligkeitsabstufung des digitalen Bildes, also der Farbtiefe abhängig.

Es ist daher sinnvoll zwischen virtuellem Bild, also dem Potential einer Bilddatei, dem gespeicherten Bild, dem am Bildschirm darstellbaren Ausgabepunkt und dem realen, durch ein Ausgabemedium modizierten Bild zu unterscheiden.

Bildpunkte und Auflösung hängen miteinander zusammen, da die Bildpunkte je nach Medium unterschiedlich wiedergegeben werden. Je mehr Bildpunkte eine Bilddatei enthält oder je höher die Auflösung einer Bilddatei ist, umso enger liegen im virtuellen Bild die Bildpunkte nebeneinander. Im am Monitor angezeigten Bild erscheint daher ein hochaufgelöstes Bild größer als ein niedrig aufgelöstes Bild, da die Menge und Größe der Bildpunkte auf einem Monitor immer gleich ist (innerhalb einer Auflösung bei Multisync-Monitoren).

Moderne Monitore (Multisync-Monitore) bieten die Möglichkeit, zwischen verschiedenen Auflösungen (Bildpunkt-Mengen) zu wechseln. Nach der Umschaltung auf eine andere darstellbare Monitor-Auflösung erscheint die Programmoberfläche und das digitale Bild in einem anderen Maßstab.

Das Pixel

Ein Pixel ist der kleinste Bildpunkt eines digitalen Bildes. Jedem Pixel sind alle Helligkeitswerte zugeordnet, die für die Darstellung des Bildes in Graustufen oder in Farbe notwendig sind. Je genauer diese Abstufung erfolgen soll, desto mehr Platz ist für die Zuordnung der Werte erforderlich.

Man bestimmt daher die Anzahl der darstellbaren Punkte und die Zahl der zur Unterscheidung notwendigen digitalen Impulse (Bits).

Für die Darstellung der vom menschlichen Auge noch unterscheidbaren 256 Graustufen werden 8 Bit benötigt, entsprechend 2^8 Werten. Ein Graustufenbild hat damit eine Farbtiefe von 8 Bit.

Abhängig von der Auflösung sind die Bildpunkte größer oder kleiner.

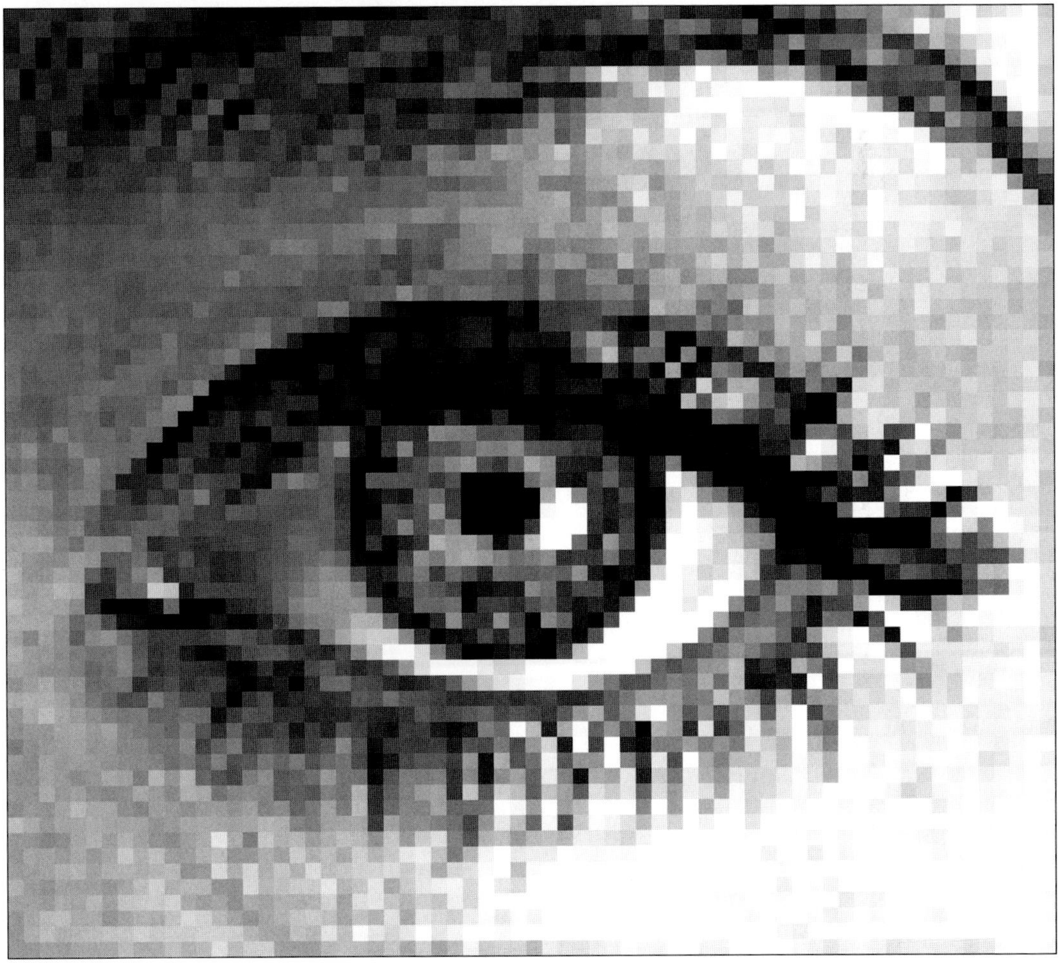

Binärzahlensystem

Digitale Computer verwenden Millionen miteinander verbundener elektronischer Schalter zur Durchführung von Berechnungen und zur Verarbeitung aller Daten. Jeder Schalter ist entweder Ein oder Aus, was einem Wert von Eins bzw. Null entspricht. Um mit Einsen und Nullen zählen zu können, muß das Binärzahlensystem verwendet werden. Im normalen Dezimalsystem erhöht sich jede Ziffer von Null bis Neun, bevor sie wieder auf Null zurückgesetzt wird und die Ziffer links davon erhöht wird (auf 09 folgt 10). Binärziffern oder Bits erhöhen sich nur von Null auf Eins, bevor die nächste Ziffer erhöht wird. Eine 2-Bit-Binärzahl hat nur vier (2^2) mögliche Werte: 00, 01, 10, 11 (entsprechend 0, 1, 2 und 3 in Dezimalzahlen). Eine 8-Bit-Binärzahl erlaubt 256 (2^8) verschiedene Werte (00000000 bis 11111111).

Bitmap-Bilder und Dateigrößen

Abmessungen, Auflösung, Bittiefe und Farbmodell haben einen Einfluß auf die digitale Dateigröße eines Bildes und bestimmen so den für die Speicherung erforderlichen Platzbedarf auf der Festplatte. Die Dateigröße steht in direktem Zusammenhang mit der Rechenzeit, die der Prozessor eines Computer bei der Bildverarbeitung benötigt. Wird die Auflösung eines Bildes verdoppelt, erhöht sich die Dateigröße um einen Faktor 4, denn es enthält jetzt sowohl in der Breite als auch in der Höhe doppelt soviele Pixel. Eine 32-Bit CMYK-Datei ist 32mal größer als eine 1-Bit Strichbildversion des gleichen Bildes.

ben

Mit der Auflösung wird das Bild nuancenreicher, benötigt aber auch wesentlich mehr Speicherplatz (Bild: Agfa).

Sollen statt der allgemeinen Helligkeit die Helligkeitswerte für jede Farbe gesondert aufgezeichnet werden, so sind 3 x 8 Bit (24 Bit) erforderlich. Es können damit 256 verschiedene Werte für jede Farbe und die Mischverhältnisse aus diesen Farben festgehalten und wiedergegeben werden.

Mit 256 x 256 x 256 Farbwerten wird ein Spektrum von rund 16,7 Millionen verschiedener Farbtöne möglich. Der Speicherbedarf für ein RGB-Bild benötigt dadurch den dreifachen Platz gegenüber einer Schwarz-Weiß-Aufnahme.

Kleinere Bildpunkte erlauben eine detailgenauere Wiedergabe eines Motivs.

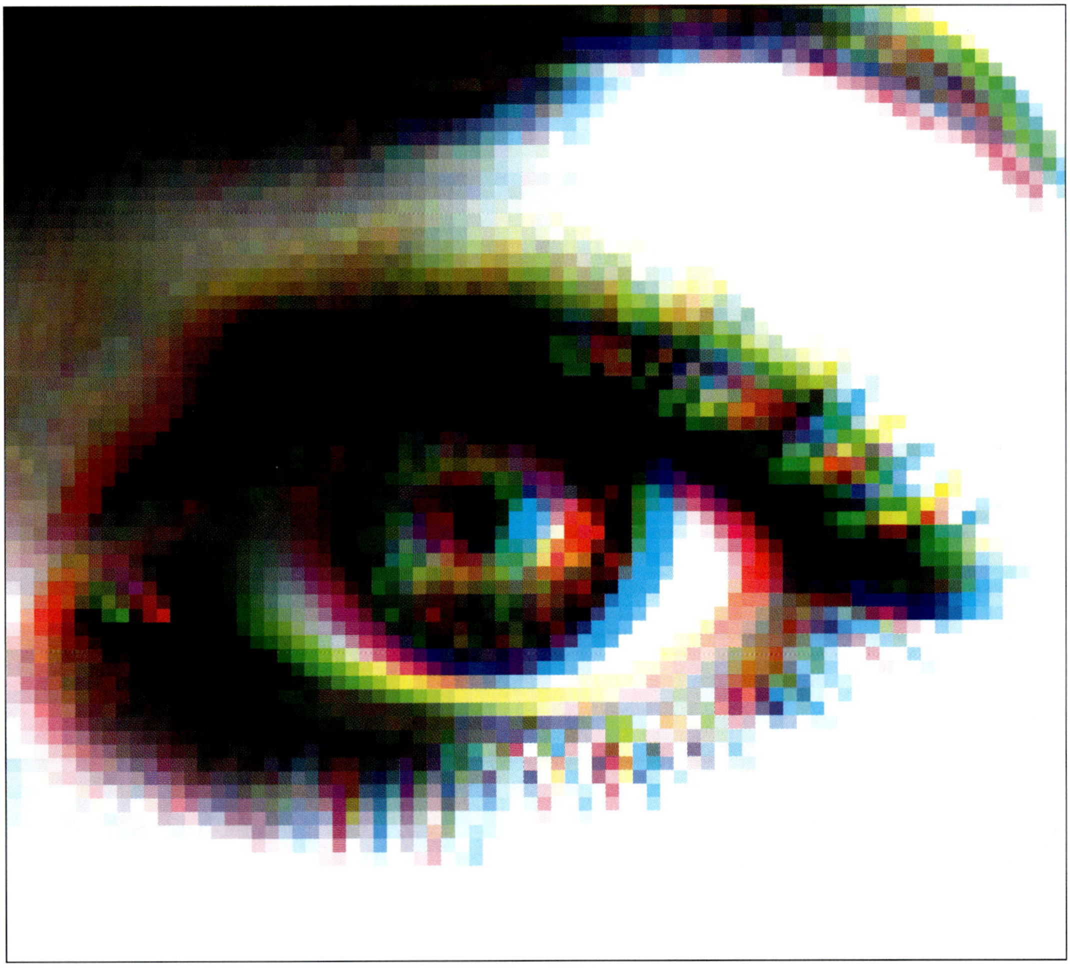

16. Die aufgelöste Auflösung

Kunterbunte Auflösungen

Optische Auflösung

Die optische Auflösung bezeichnet die Menge an physikalisch erfaßten oder erfaßbaren Bildpunkten, die mit einem gegebenen Bilderfassungssystem (digitale Kamera, Scanner) technisch möglich sind. Sie entspricht der Menge an Aufzeichnungselementen (CCD-Sensoren) je Längen- bzw. Flächeneinheit. Die optische Auflösung enthält nicht notwendig eine Aussage zur Farberkennung. Sie ist gleichsam farbenblind.

Beim Microscanning ist durch ein patentiertes Verfahren eine nähere optische Auflösung möglich.

Aufnahmeauflösung

Die Auflösung der Aufnahme bezeichnet die Menge an Bildpunkten, die bei der Registrierung des Bildes berücksichtigt werden. Sie kann physikalisch maximal der optischen Auflösung entsprechen, ansonsten ist sie der Bildauflösung gleich.

Die Auflösung kann je nach Verwendungszweck des digitalen Bildes deutlich kleiner ausfallen, beispielsweise, wenn das Bild ausschließlich am Bildschirm verwendet werden soll. Die Aufnahme-Auflösung hat nichts mit der physikalisch möglichen, optischen Auflösung zu tun.

Bildauflösung

Die Aufzeichnungs- oder Bildauflösung bezeichnet die Menge an aufgezeichneten Bildpunkten (Pixel). Dabei ist es ohne Bedeutung, ob die Bildpunkte physikalisch oder rechnerisch aus dem Vergleich der umliegenden Bildpunkte näherungsweise ermittelt wurden (Interpolation). Die Bildauflösung sagt nichts darüber aus, ob Werte und in welchem Ausmaß rechnerisch ermittelt wurden.

Interpolierte Auflösung

Die interpolierte Auflösung enthält physikalisch bestimmte und rechnerisch ermittelte Werte. DerGehalt an Information ist nicht größer als der Informationsgehalt einer nicht interpolierten Auflösung.

Monitorauflösung

Die Bilddarstellungsauflösung oder Monitorauflösung bezeichnet die Fähigkeit eines Monitors aus den drei Grundfarben rot, grün und blau zusammengesetzte Bildpunkte darzustellen. Sie hat keinen Zusammenhang mit der Bildauflösung.

Die Darstellung der Bildpunkte eines digitalen Bildes erfolgt nach den technischen Gegebenheiten des Gerätes und zeichnet nur bei einer 100%igen Darstellung jeden Bildpunkt ab. Die Zoomfunktion hat nichts mit der Bildgröße, sondern nur mit der Bildschirmwiedergabe zu tun.

Ausgabedatei-Auflösung

Die Ausgabedatei-Auflösung enthält die, für ein bestimmtes Ausgabemedium aufbereitetenn Bildinformationen. Sie kann durch enthaltene Rastereinstellungen andere ppi-Werte verwenden als die Bilddatei. In der Regel wird der Informationsgehalt reduziert auf das optimale oder drucktechnisch ausreichende Maß (Belichtungsdatei, Druckdatei).

Die erforderliche Auflösung der Ausgabedatei bildet die Vorgabe für die anzustrebende Auflösung der Bilddatei und möglichst auch der optischen Auflösung. Auflösungsänderungen führen zu Verschlechterungen bei der Bildwiedergabe.

Druckpunktwiedergabe-Auflösung

Die Druckpunktwiedergabe-Auflösung beschreibt die Anzahl der Druckpunkte (dots), die das Ausgabemedium innerhalb einer Einheit ausgeben kann. Sie ist technisch bestimmt und hat nichts mit der Bildpunktwiedergabe zu tun. Sie wird in dpi angegeben (dots per inch) .

Die Bildpunktwiedergabe-Auflösung ist die Fähigkeit eines Ausgabemediums, einzelne Bildpunkte darzustellen, sie ist immer kleiner als die Auflösung der Druckpunktwiedergabe. Ihre Kennzahl sind pixel per inch (ppi).

Linienwiedergabe-Auflösung

Die Linienwiedergabe-Auflösung gibt die Fähigkeit an, voneinander getrennte Linien oder Druckpunkte auszugeben. Sie beträgt die Hälfte der Bildpunkt-Auflösung bei der Ausgabe und wird in lines per inch (lpi) oder, wie im Druckgewerbe gebräuchlich, als Linien pro Zentimeter (l/cm) angegeben. Die Fähigkeit, Bildpunkte oder Linien voneinander getrennt wiederzugeben, ist die Voraussetzung für das Rastern.

Ausflug in die Rasterwellen

Zur Ausgabe digitaler Bilder im Druck müssen die Helligkeitsstufen in Druckpunktmengen umgesetzt werden.

Druckmaschinen und Druckgeräte können Intensitätsunterschiede nur dadurch darstellen, daß sie einen Druckpunkt größer oder kleiner, nicht aber heller oder dunkler, auf das Papier bringen. Um dies zu bewerkstelligen, darf die Menge der Bildpunkte eines digitalen Bildes nicht größer sein, als die technisch noch voneinander getrennt darstellbaren Druckpunkte. Anderenfalls müssen sie bei der Vorbereitung der Ausgabedatei zusammengefaßt werden, das heißt nicht jeder Bildpunkt kann noch einzeln dargestellt werden. Die Menge der Bildpunkte, die in einem ausgebbaren Bildpunkt verschwindet, ist umso größer je mehr sich Druckauflösung und doppelte Rasterweite von der Bildauflösung unterscheiden. Aus technischen Gründen bringt ein Verhältnis von 1,2 : 1 zwischen Bildauflösung und Druckauflösung die besten Ergebnisse und ist daher anzustreben.

Beim Tiefdruck, Buch- und Offsetdruck ist die Größe der einzelnen Bildpunkte variabel, mit steigender Helligkeit wird ein Bildpunkt kleiner, mit abnehmender Helligkeit größer.

Die meisten in der Computerperipherie angesiedelten Ausgabegeräte sind nicht in der Lage, die Druckpunktgröße an die Helligkeitswerte der Bilddatei anzupassen.

Daher müssen mehrere Darstellungspunkte zur Darstellung eines Bildpunktes verwendet werden. Um unterschiedlich helle Bildpunkte darstellen zu können, müssen bei Druckern mit größendefinierten Druckpunkten Rastermatrices verwendet werden. Die Menge der nötigen Darstellungspunkte ist von der Abstufung der Helligkeit abhängig, damit also von der Farbtiefe.

Die Darstellungspunkte werden in einer quadratischen Rasterpunktmatrix zusammengefaßt, die dadurch wie die Farbtiefe in der Ausdehnung anwächst. 4 Bit Farbtiefe entsprechen 2^4 und 16 Fel-

Um mit einer Druckfarbe verschiedene Helligkeitsstufen darzustellen, wird das Bild in bedruckte und unbedruckte Regionen unterteilt. Man nennt dies Rasterung.

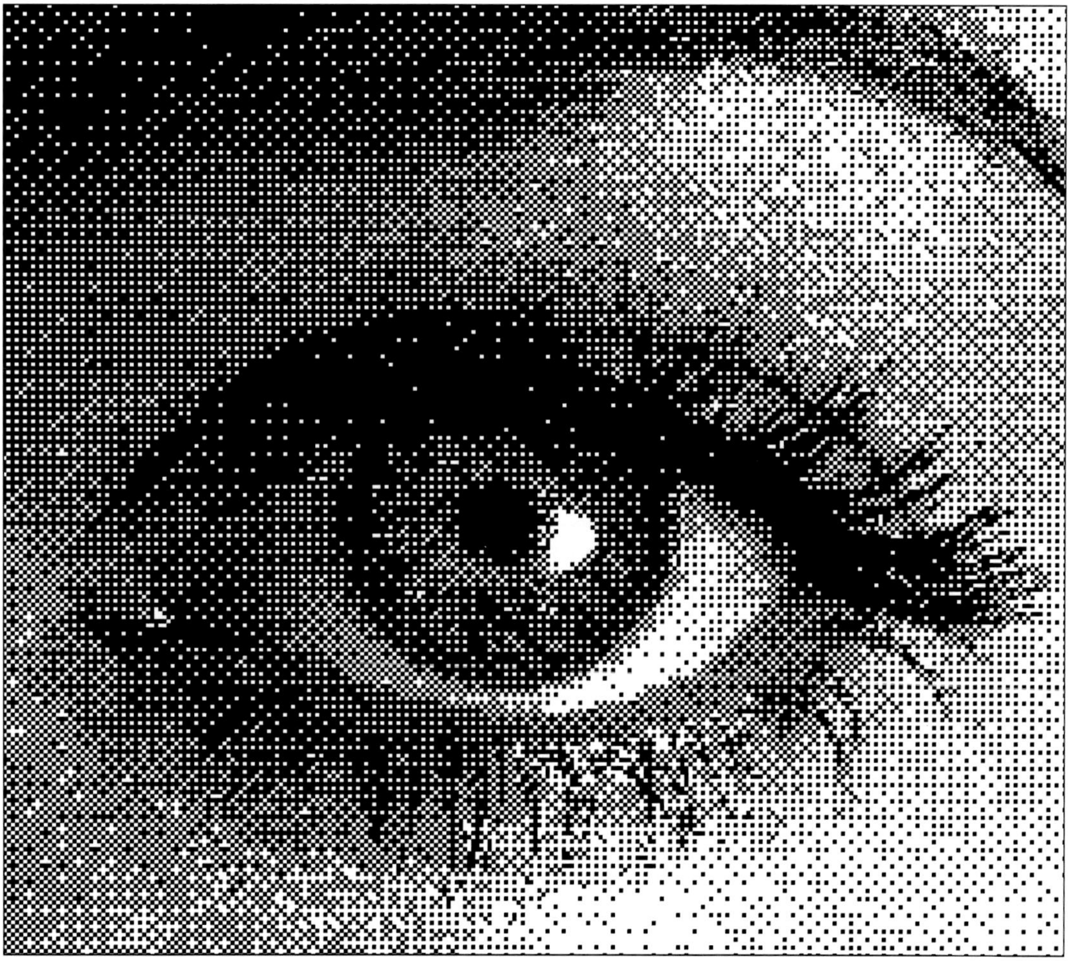

dern und damit einer Helligkeitsabstufung in 16 Schritten. 8 Bit, also 2^8, entprechen 16 x 16 Felder und damit 256 Graustufen usw. Die Menge der Bildpunkte darf daher nicht größer sein, als die technisch darstellbaren Bildpunkte, die sich als Quotient der Darstellungspunkte und der Farbtiefe ergeben (dpi/Bittiefe). Ist dies der Fall, muß die Bilddatei entsprechend in eine kleinere Auflösung heruntergerechnet werden. Dazu werden mehrer Bildpunkte zu einem Bildpunkt der kleineren Auflösung zusammengefaßt.

Variationen der Größe

Bei jeder Veränderung der Bildgröße werden nun die Bildpunkte neu festgelegt. Diese Änderung kann die Lage der Bildpunkte, ihren Informationsgehalt oder beides betreffen.

Es wird dadurch ein ähnliches Bild erzeugt, mit dem Speichern unter demselben Namen geht aber das ursprüngliche Bild verloren.

Die Änderung der Bildpunktposition wird von der gewählten Auflösung beeinflußt. Bildgröße und Auflösung sind miteinander gekoppelt, vereinfacht ausgedrückt, gibt die Auflösung die Menge der Kästchen in einem Schachbrettfeld an.

Vergrößerung digitaler Bilder

Wird das Bild vergrößert, müssen entweder neue Bildpunkte hinzugefügt werden oder die vorhandenen Bildpunkte vergrößert werden.

Die erste Form der Bildpunktvermehrung erfolgt bei Vergrößerung mit gleichbleibender Auflösung. Die fehlenden Bildpunkte werden interpoliert.

Bei Bildern mit kleinerer Auflösung bleiben die Bildpunkte erhalten, sie nehmen aber einen größeren Raum ein.

Die Möglichkeit der Bildpunktvergrößerung bei gleichbleibender Auflösung spielt nur für das Verständnis eine Rolle. Die Größe der Bildpunkte kann nicht folgenlos verändert werden, daher spielt diese Variante keine große Rolle für die hochwertige Bildwiedergabe. Nur vergrößerte Bildpunkte hochaufge-

Die Auflösung besagt nicht wieviele Bildpunkte in einem Bildfeld liegen, sondern wieviele Bildpunkte in einem quadratischen Bildfeldausschnitt von einem inch Kantenlänge angeordnet sind (dpi).

Bei der Verringerung der Bildpunktmenge werden die nicht benötigten Pixel entfernt (Bild: Agfa).

Ein Bild kann bei gleicher Größe aus vielen kleinen oder weniger großen Bildpunkten bestehen (Bild: Agfa).

Bei der einfachen Verkleinerung bleiben die Bildpunkte erhalten, werden aber kleiner (Bild: Agfa).

Beim Verkleinern mit Verringerung der Auflösung geht Information verloren (Bild: Agfa).

löster Bilder fallen nicht ins Auge. Auch bei Bildern, die nur von weitem betrachtet werden wie beispielsweise einer Plakatwand, fallen große Bildpunkte nicht ins Gewicht

Verkleinerung digitaler Bilder

Bei der Bildverkleinerung gilt das gleiche Prinzip wie bei der Bildvergrößerung. Die Bildpunkte müssen entweder entfallen oder kleiner angezeigt werden, was auf die gleichen technischen Grenzen stößt wie bei der Bildvergrößerung.

Interpolation

Zur Ermittlung fehlender Farbwerte müssen ebenso wie bei einer Vergrößerung Bildpunkte rechnerisch ermittelt werden. Dabei wird der Informationsgehalt aus den Werten der umgebenden Bildpunkte errechnet. Dies kann auf drei Arten geschehen.

Pixelwiederholung

Die einfachste Variante fehlende Farbwerte zu bestimmen ist es, eine Bildpunktinformation nochmals zu verwenden und damit einen zweiten, identischer, Bildpunkt eeinzufügen. Die Pixelwiederholung ist die schnellste der Interpolationsmethoden, führt aber auch zu einer niedrigen Qualität. Sie läßt zwischen verschiedenen Farbtönen Treppchen entstehen und wirkt bei größeren Schritten künstlich und hart. Durch Pixelwiederholung werden bei Vergrößerung identische Pixelspalten und -zeilen eingefügt. Die Bilder werden zwar größer, aber die Anzeigevielfalt wächst nicht mit.

Bei Verkleinerung werden Pixelspalten oder -zeilen entfernt, die Informationen entfallen.

Die bilineare Interpolation

Bei der bilinearen Interpolation geht die Information der umgebenden Bildpunkt in den neu zu definierenden Bildpunkt mit ein. Er enthält den statistischen Mittelwert der Umgebungspunkte. Bei der nachträglichen Korrektur fehlender Farbwerte werden dazu nur die gleichfarbigen Bildpunkte verwendet. Dadurch fügt sich der neue Bildpunkt harmonisch in das Gesamtbild ein. Es ergibt sich aber eine gewisse Weichzeichnung, da an Konturkanten die Information des Hintergrundes mit verwendet wird und sich so ein weicher, zusätzlich abgestufter Übergang zum Hintergrund ergibt.

Die bikubische Interpolation

Die bikubische Interpolation berechnet nicht nur den statistischen Wert der Umgebungspunkte in den neuen Bildpunkt ein, sondern ändert zusätzlich die vorhandenen Bildpunkte ab. Dabei wirdnicht nur die Umgebung des fehlenden Bildpunkts ausgewertet, sondern gleichzeitig auch die der enthaltenen Pixel. Durch die Werte, die den neu entstehenden Pixeln zugeordnet werden, verändern diese auch ihre Umgebung und auch die ursprünglichen schon vorhandenen Bildpunkte werden angepaßt.

Dadurch kann, genau genommen, ein völlig neues Bild entstehen. Für den Betrachter stellt es abermeist die beste Umsetzung der vorhandenen Farbwerte dar.

Man unterscheidet daher auch statische Interpolation, bei der die ermittelten Bildpunkte erhalten bleiben, und dynamische Interpolation, bei der auch gegebene Bildpunkte korrigiert werden.

Prinzip der Bildveränderung

Bei jeder Bildgrößenänderung wird die vorhandene Information auf das gewählte Format gedehnt oder gestaucht. Dies erfolgt durch Interpolation.

Auch alle anderen Bildveränderungen, die durch Neigen, Verzerren oder Rotieren erfolgen, können nur durch Interpolation erzielt werden.

Um einen Erhalt der optimalen Bildinformation zu sichern, sollte eine digitale Bilddatei nur dann verändert werden, wenn dies unumgänglich ist. Hier wie bei vielen Gelegenheiten gilt, daß die beste Bildbearbeitung diejenige ist, die gar nicht erst durchgeführt werden muß.

Die Vergrößerung oder Verkleinerung eines Bildes geht mit einer Verringerung bzw. Vermehrung der physikalischen Auflösung einher. Eine Vergrößerung des Bildes auf das Doppelte halbiert die enthaltene physikalische Auflösung, eine Verkleinerung erhöht die Auflösung auf das Doppelte.

17. Die Kartographie der Lichter

Das Histogramm

Die Landkarte einer Bilddatei ist sein Histogramm. Im Histogramm sind die Helligkeitswerte eines Bildes statistisch erfaßt und geben dem Verständigen Auskunft über die Beschaffenheit des Bildes. Die Analyse des Histogramms ist der erste Schritt zur Beurteilung und zur gezielten Bearbeitung einer digitalen Bilddatei. Deshalb ist es unumgänglich, den Aufbau eines Histogramms verstehen zu lernen.

Ein Histogramm ist die grafische Darstellung der statistischen Häufigkeit bestimmter Helligkeitswerte in einem Bild. Diese Aufstellung kann für alle Farben zusammen erfolgen oder die Tonwerte für jede Farbe des verwendeten Farbsystems getrennt erfassen.

Auf der x-Achse sind die Helligkeitsstufen aufgetragen. Sie reichen von keiner Helligkeit (0, schwarz) bis höchste Helligkeit (255, weiß). Dies entspricht den 256 Helligkeitsstufen, die das menschliche Auge unterscheiden kann.

Eigenschaften digitaler Bilder

Lesen eines Histogramms

Die Untersuchung des Histogramms ist der erste Schritt bei der Beurteilung eines digitalen Bildes. Das Histogramm zeigt die Verteilung der Pixelwerte über den Tonwertumfang; es kann die Genauigkeit der Scanner- oder Kamerabelichtung zeigen und bei der Analyse der Farbbalance helfen. Die Daten von einwandfrei belichteten Scans sollten zwischen den rein weißen und schwarzen Endpunkten liegen. Mit dem unten gezeigten Histogramm aus Adobe Photoshop können die Lichter, Mitteltöne und Schatten bearbeitet werden.

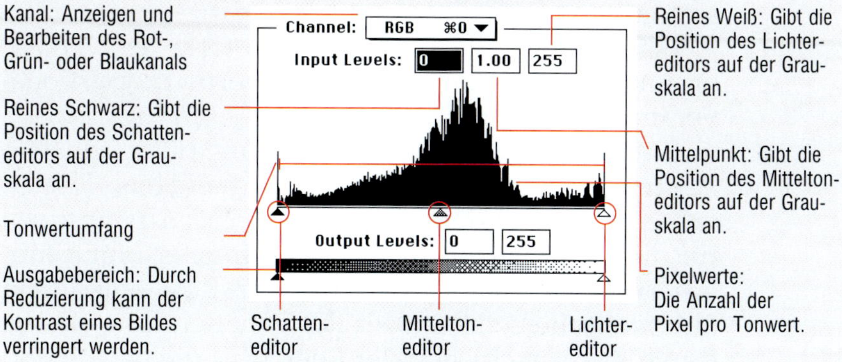

Das Histogramm zeigt graphisch die Verteilung der hellen und dunklen Stellen im Bild an (Bild: Agfa).

Auf der (nicht gesondert angezeigten) y-Achse sind die Anzahl der Bildpunkte pro Helligkeitsstufe angegeben.

Das Histogramm ist also nichts anderes als ein Flächendiagramm der Helligkeitsverteilung.

Unterhalb der x-Achse befinden sich drei Einstellmarken, mit denen die ursprüngliche Verteilung verändert werden kann, je einer für den dunkelsten, den mittleren und den hellsten Bildpunkt.

Die eingestellten Werte erscheinen als Zahlenwerte über dem Diagramm wieder, wobei der Mittelwert als Gammawert angezeigt wird, also als Verhältnis zwischen hellstem und dunkelstem Wert. Liegt der Gammawert genau in der Mitte zwischen hellstem Licht und tiefsten Schatten beträgt sein Wert 1.

In einem ausgewogenen Bild sind normalerweise die meisten Werte im Bereich der Mittelwerte zu finden, in den Lichtern und Schatten sind weniger viele Bildpunkte. Das Histogramm besitzt daher in der Mitte einen Hügel.

Bei einem überbelichteten Bild existiert eine Vielzahl heller Bildpunkte, der Hügel ist daher nach rechts verschoben. Bei einem unterbelichteten Bild tritt das Gegenteil ein, der Hügel liegt weiter links.

Die Verteilung der Helligkeitswerte ist natürlich auch vom Bildmotiv abhängig. Ein Tieftonbild (low key) weist vermehrt dunkle Bildpunkte auf als ein Mitteltonbild oder ein Hochtonbild (high key), das mehr helle Bildpunkte zeigt.

Von Bedeutung ist auch ein gleichmäßiger Verlauf der Punktmengen, da ansonsten kein ausgeglichener Helligkeitsverlauf im Bild gegeben ist. Einzelne Spitzen im Verlauf sind dabei weniger bedeutsam als klaffende Wunden.

Bei der Korrektur eines Bildes über sein Histogramm können die Helligkeitswerte proportional verändert werden.

Ein erster Schritt ist die Anpassung der möglichen Abstufungen an die tatsächlich vorhandenen Helligkeitswerte. Dadurch werden alle 256 Abstufungen für die Werte verfügbar, die Abstufung erfolgt trennschärfer. Dies wird entweder für das ganze Bild automatisch erreicht, oder zur genauen Einstellung, durch das Verschieben der Regler für die hellste und die dunkelste Stelle. Dadurch kann eine stärkere Spreizung erfolgen, da Werte, die jenseits der Reglerposition liegen, als schwarz oder weiß behandelt werden. Ein Grauwert wird dadurch zu schwarz, die fahle Farbe in einem überbelichteten Bild geht zurück. Bei dumpfen dunklen Bildern erscheinen nach der Korrektur lichtreichere Stellen.

Eine Korrektur des Gammawertes zum hellsten oder dunkelsten Wert bewirkt eine Veränderung der Grauabstufungen für den schwarz-grauen oder grau-weißen Bereich. Rückt der Gammawert näher zum dunkelsten Punkt, werden mehr Helligkeitsabstufungen im Bereich zwischen dem neutralen grau und schwarz darstellbar.

Dies erklärt sich daraus, daß für den Bereich zwischen eingestelltem Mittelton und schwarz bzw. weiß immer gleich viele Helligkeitsabstufungen bereitgestellt werden. Ist der Bereich kleiner, werden die Helligkeitswerte besser unterschieden.

Dadurch können im Schatten noch Konturen getrennt erkennbar werden, die sonst nicht differenziert dargestellt werden könnten.

Die Abstufung der Lichter erfolgt bei dieser Einstellung weniger differenziert. Die Verschiebung des Gammawertes zum hellsten Punkt hat den gegenteiligen Effekt. Durch die Korrektur des Gammawertes zum hellsten Wert wird der Tonwertbereich gespreizt, es gibt mehr Details in den lichtreichen Stellen.

Die Auswahl der dunkelsten, mittleren und hellsten Bildpunkte kann auch mit dem Farbwähler, der Pipette, erfolgen. Nach der Auswahl wird der Wert vom Programm als Richtwert übernommen.

Ein Vorschaumodus macht Korrekturen am Bildschirm sichtbar, erst beim Klicken auf den ok-Knopf wird die Bilddatei den Einstellungen entsprechend verändert.

Um zum Ausgangsbild zurückzukehren und um eine andere Korrektur versuchen zu können, muß die Wahl (MacOS) oder die Alt-Taste gedrückt werden. Der Knopf »Abbrechen« wandelt sich in »zurück« um und ein neuer Anlauf kann gestartet werden.

Die Gradationskurve

Das Histogramm ist ein statisches Abbild für die Bildpunktverteilung. Die Gradationskurve gibt ein dynamischeres Bild, nämlich das des Verhältniss von ursprünglicher Bilddatei zu veränderter Bilddatei wieder.

Im unveränderten Zustand ist die Gradationskurve eine Gerade im 45°-Winkel zwischen den auf der x-Achse aufgetragenen Helligkeitswerten der Bilddatei und den auf der y-Achse angegebenen veränderten Bildpunkten.

Mit der Gradationskurve kann die Helligkeit punktgenau korrigiert werden (Bild: Agfa).

Überarbeitung der Gesamttonwerte

Das Densitometer und die Informationspalette in Photoshop zeigen, daß die Dreivierteltöne und Mitteltöne (einschließlich der Gesichter der Personen) mit 55 bis 75 % Schwarz noch etwas zu dunkel sind. Mit dem Auswahlwerkzeug Zauberstab werden Farbflächen, in diesem Fall die Lichter, freigestellt. Durch Abfächern und Invertieren der Auswahl, um alle Pixel mit Ausnahme der Lichter zu definieren, lassen sich die dunkleren Werte aufhellen, ohne die Lichter zu beeinflussen.

Photoshop Gradationskurve:
Ein Ändern der Tonwertrelationen (anfangs duch eine gerade diagonale Linie dargestellt) zu einer leicht S-förmigen Kurve erlaubt eine gezielte und leichte Erhöhung der Kontrastwerte und ein Aufhellen der Mitteltöne.

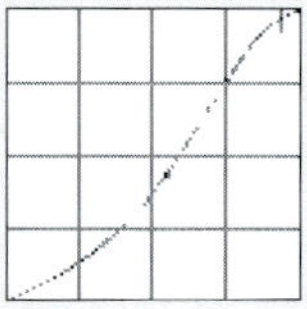

Jeder Ausschlag von der ursprünglichen Gerade zur y-Achse zeigt eine Verstärkung, jede Abflachung vom 45°-Winkel zur x-Achse eine Abschwächung des ursprünglichen Wertes.

Die Verlaufskurve kann mit Knotenpunkten und Anfassern verändert werden. Sie kann aber auch mit dem Stift frei festgelegt werden.

Alle Tonwertkorrekturen sind auch in diesem Feld möglich, verlangen aber ein sicheres Umgehen.

Auch die eher allgemeinen Veränderungen, die Korrektur der Helligkeit und des Kontrastes, sind mit der Gradationskurve zu bewerkstelligen und zu veranschaulichen.

Die Helligkeitskorrektur verschiebt die Gerade einfach parallel zur ursprünglichen Lage nach oben oder unten, da alle Werte mit einem gleichen Faktor multipliziert werden.

Die Korrektur des Kontrastes ändert lediglich den Winkel der Geraden. Ein steilerer Verlauf reduziert den Tonwertumfang einer Bilddatei und schafft dadurch eine bessere Abstufung, ein flacherer Verlauf schafft ein flaueres Bild, da im Ausgabebild weniger Tonwerte enthalten sind.

Eigenschaften digitaler Bilder.
Histogramme wenn Überbelichtet oder Unterbelichtet (Bild Agfa).

Überbelichtet

Bei einem überbelichteten Bild verschieben sich die meisten Tonwerte in Richtung der Lichter.

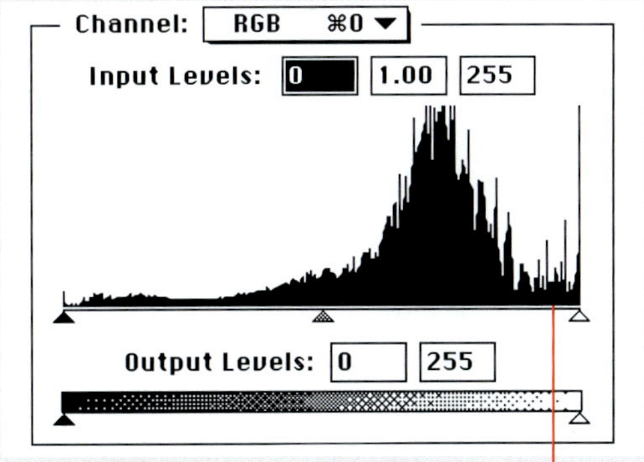

Die Lichter sind offen, d.h. es fehlen Details.

Unterbelichtet

Bei einem unterbelichteten Bild verschieben sich die meisten Tonwerte in Richtung der Schatten.

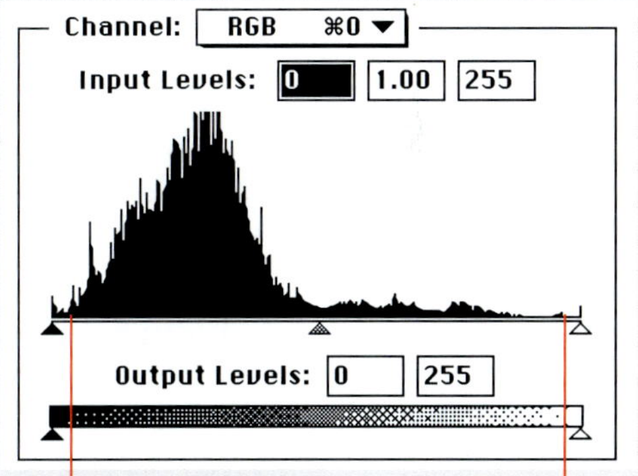

Ein Teil der Schatten ist zugelaufen, d.h. es fehlen Details.

Wenig Details in den Lichtern

18. Farbwahrnehmung und Farbdarstellung

Farbe ist die visuelle Empfindung, die durch das Licht bestimmter Wellenlängenbereiche entsteht. Sie ist keine Eigenschaft der Objekte selbst, sondern eine Auswirkung von deren Beschaffenheit. Die Oberflächen- und Körperbeschaffenheit bestimmt, ob das auftreffende Licht aufgenommen (Absorption), zurückgeworfen (Reflexion) oder – bei durchsichtigen Körpern – durchgelassen wird.

Durchlässigkeit, Absorption und Reflexion sind von den verschiedenen Wellenlängen des Lichts abhängig. Man unterteilt das farbige Spektrum in drei Hauptbereiche, die jeweils etwa ein Drittel des sichtbaren Wellenlängenbereichs ausmachen. Diese Bereiche entsprechen den Farben rot, grün und blau. Durch die unterschiedliche Zusammensetzung der reflektierten Wellenlängenbereiche entstehen die verschiedenen Mischfarben.

Eine rote Kugel erscheint nur deshalb rot, weil sie durch ihre Oberflächenbeschaffenheit die blauen und grünen Lichtanteile absorbiert und die roten Lichtanteile zurückstrahlt. Dadurch entsteht beim Betrachter der Eindruck, die Kugel sei rot.

Bei durchsichtigen Körpern werden nur bestimmte Wellenbereiche des Lichtes durchgelassen, die anderen Lichtanteile werden absorbiert.

Die Durchlässigkeit eines durchsichtigen Körpers bezieht sich immer auf die Farbe, die als Farbe des transparenten Körpers wahrgenommen wird, da ein kleiner Teil des Lichtes dieses Bereichs auch reflektiert wird.

Die Zusammensetzung des Lichtes nach dem Durchgang durch einen Gelbfilter ist daher auf Wellenlängenbereiche beschränkt, die der Wellenlänge gelb entsprechen.

Formen der Farbmischung

Man unterscheidet zwischen additiver und subtraktiver Lichtmischung.

Additive Farbmischung

Bei der additiven Lichtmischung überlagern sich die einzelnen Wellenlängen, die Energie bleibt erhalten. Die Mischfarbe gewinnt daher mit zunehmenden Mischungsanteilen an Helligkeit.

Eine additive Mischung der Grundfarben rot, grün und blau zu gleichen Teilen ergibt weißes Licht.

Diese Form der Lichtmischung findet sich bei Lichtanteilen, die von einer »farbigen«, also auf einen Strahlenbereich begrenzten Lichtquelle (Monitor) ausgehen oder die bei der Filterung von weißen Licht bei einem Durchgang durch einen transparenten Körper erhalten bleiben (Diaprojektion, Scheinwerfer).

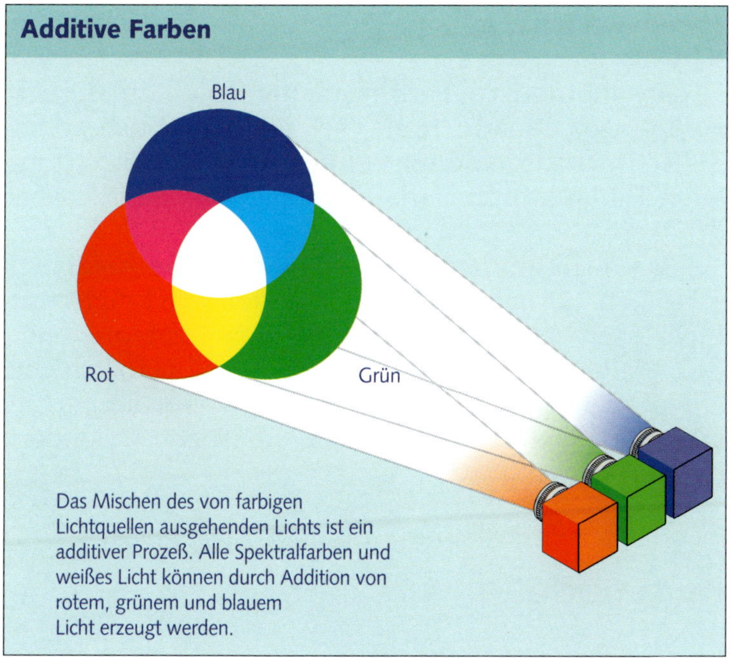

Additive Farben entstehen bei der Überlagerung von energiereichem Licht (Bild: Agfa).

Bildbearbeitung

Subtraktive Farbmischung

Subtraktive Farbmischung besteht, wenn sich die einzelnen Wellenlängenbereiche gegeneinander auf-

Subtraktive Farbmischung ergibt sich bei der Reflexion von Fremdlicht (Bild: Agfa).

Subtraktive Farben

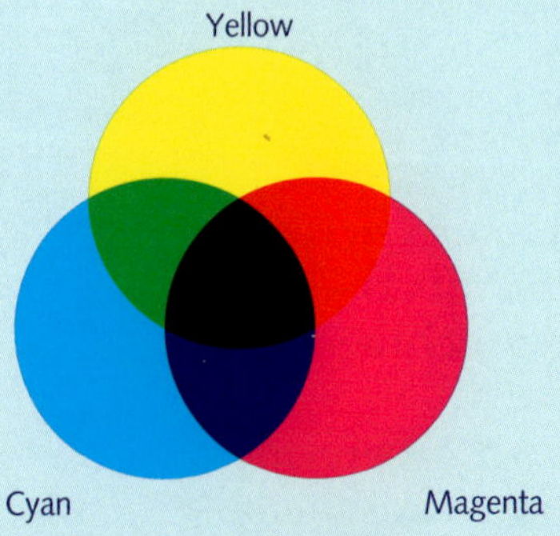

Cyan-, Magenta- und Yellow-Filter oder -Pigmente subtrahieren unterschiedliche Anteile Rot, Grün und Blau von weißem Licht, um einen begrenzten Farbumfang von Spektralfarben zu erhalten.

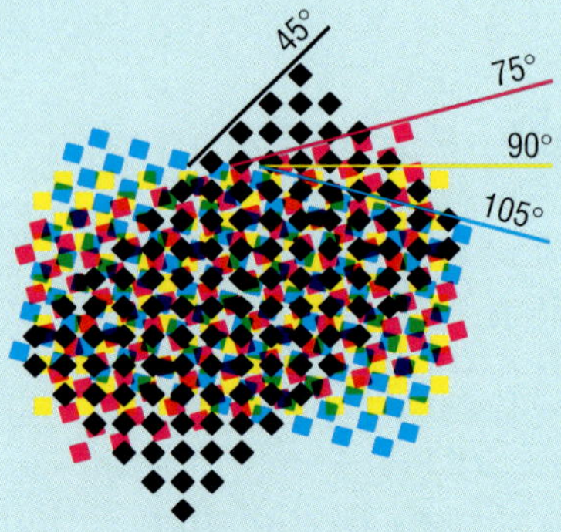

Der Rasterfarbdruck verwendet normalerweise vier sich überlappende Punktraster (CMYK), die je nach Rasterpunktgröße unterschiedliche Anteile von RGB-Licht subtrahieren.

heben. Die Lichtenergie (Helligkeit) nimmt mit zunehmenden Farbanteilen ab, der Eindruck von schwarz entsteht.

Die subtraktive Farbmischung spielt im Druck eine entscheidende Rolle, sei es beim Buch- oder Zeitschriftendruck oder bei der Ausgabe eines digitalen Bildes durch Farb-, Tintenstrahl- oder Laserdrucker.

Durch die unmittelbare Nähe der verschiedenen »farbigen« Druckpunkte zueinander, wird nicht nur Licht der jedem Farbpunkt nicht entsprechenden Wellenlänge absorbiert, sondern zusätzlich die entsprechenden Lichtanteile der benachbarten andersfarbigen Druckpunkte, die sonst reflektiert worden wären.

Farbmodelle

Die Farbenlehre versucht die Farben und deren Zusammenspiel zu beschreiben und in einem System zu ordnen.

Es gibt verschiedene Farbmodelle, die nicht nur bei der digitalen Fotografie eine Rolle spielen:

- das HSV-Modell, das von einem geschlossenen Farbkreis ausgeht,
- das RGB-Modell, das von Projektionsfarben ausgeht (additive Farbmischung),
- das CMYK-Modell, das von Reflexionsfarben ausgeht (subtraktive Farbmischung).

Die verschiedenen Farbsysteme entsprechen unterschiedlichen Gegebenheiten:

- weitgehend dem Wahrnehmungsvermögen des menschlichen Auges nachgebildet ist das HSV-Modell,
- der Bildschirmdarstellung das RGB-Modell und
- den Abbildungsmöglichkeiten durch den Vierfarbendruck das CMYK-Modell.

Die einzelnen Farbwiedergabesysteme erlauben die Darstellung vieler, aber nicht aller wahrnehmbaren Farbnuancen. Man unterscheidet beim Wechsel zwischen CMYK- und RGB-Modellen zusätzlich zwischen anzeigbaren und druckbaren Farben.

Das HSV-Modell

Das HSV-Modell basiert auf einem geschlossenen Farbkreis, bei dem rot und blau ineinander übergeführt sind. Zusätzlich wird ein Helligkeitswert benutzt. Der Name des HSV-Farbsystems, auch HSB- oder HSI-System genannt, enthält die englischen Begriffe für Farbton (hue), Sättigung (saturation) und Farbwert der Helligkeit (value, intensity oder brightness). Als Standard der CIE (**C**ommission **I**nternationale de l'**E**clairage) wird es auch als CIE-Farbmodell bezeichnet.

Die Farben liegen auf einem Farbkreis, Komplementärfarben stehen einander wie in einem Farbenstern gegenüber. Vom Rand zur Achse nimmt die Sättigung ab, die Farbe wird im Kreismittelpunkt zu einem Grauwert. Der Helligkeitswert wird auf einer senkrechten Achse durch den Kreismittelpunkt angenommen. Dadurch ergibt sich der Rotationskörper einer Raute, ein doppelter Kegel. Die Rotationsachse entspricht der von schwarz bis weiß gehenden Achse. Sie nimmt von 0% (schwarz) bis zu 100% (weiß) von unten nach oben zu. Die einem Helligkeitswert zugeordneten Farben liegen in Kreisflächen auf Ebenen, mit denen der Körper senkrecht zur Achse geschnitten wird.

Alle Farben sind durch drei Zahlenwerte beschreibbar:

- ❑ einem Wert für den Farbton, beschreibbar als Winkel ausgehend von 0° (rot),
- ❑ einem linearen Wert für die Farbsättigung und
- ❑ einem ebensolchen für den Helligkeitswert.

Beispiel: H 210%, S 89% und B 99%. Jedem Zahlentriplett ist genau eine Farbe zugeordnet.

Das HSV-Modell ist besonders einleuchtend und leicht verständlich, weil die Verknüpfung der Farbwerte untereinander entfällt. Im HSV-Modell können fast alle Farben, die das menschliche Auge erkennen kann, erfaßt werden. Der Vorteil einer HSV-Beschreibung einer Farbe liegt darin, daß die Änderungen eines Wertes unabhängig von den anderen Werten erfolgen können. Der Übergang von einem Farbraum in den nächsten, also von RGB nach CMYK wird dadurch wesentlich erleichtert.

Im PostScript Level 2 bildet das HSV-System die Grundlage der programmunabhängigen Farbbeschreibung.

Ein Graustufen-Bild kann beispielsweise durch eine Farbton-Veränderung in warmen Brauntönen ausgegeben werden, ohne dadurch Helligkeit und Kontraste zu verändern. Alle Schatten und Struktu-

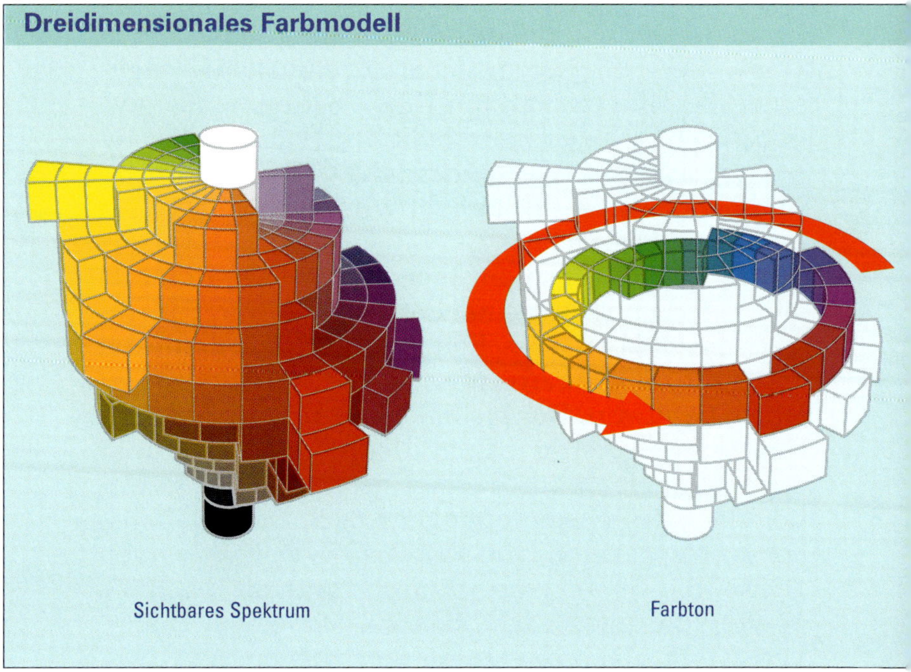

Beim HSV-Modell werden die Farben in unterschiedlich hellen Farbkreisen angeordnet. Durch die unterschiedliche Empfindlichkeit des Auges für die verschiedenen Farbanteile ergibt sich eine unregelmäßige Oberfläche (Bild: Agfa).

ren bleiben erhalten. Es können auch leicht Komplementärfaben erzeugt werden, indem einfach der Wert um 180° erhöht wird. Auch können Farben zusammengestellt werden, die sich nur im Farbton, nicht aber in der Intensität oder Sättigung unterscheiden und dadurch harmonieren. Sie können die Farbe eines blässelnden Gesichtes kräftiger machen, indem Sie die Sättigung erhöhen, oder das Auswahlwerkzeug auf gleiche Helligkeitswerte einstellen, falls das Programm diese Möglichkeit bereithält.

In manchen Programmen bietet sich auch eine Kreisfläche zur Einstellung der Auswahlfarbe, die auf einem HSV-Modell beruht.

Manchmal sind Sättigung und Helligkeit auch gekoppelt. Sie finden dann ein rechteckiges Einstellfeld, das in einer Achse die Sättigung und in der anderen Achse die Helligkeit wiedergibt.

Das RGB-Farbmodell

Das RGB-Farbmodell geht von den drei Grundfarben des Spektrums aus: rot, grün und blau. Es kann als Koordinatensystem dieser drei Werte dargestellt

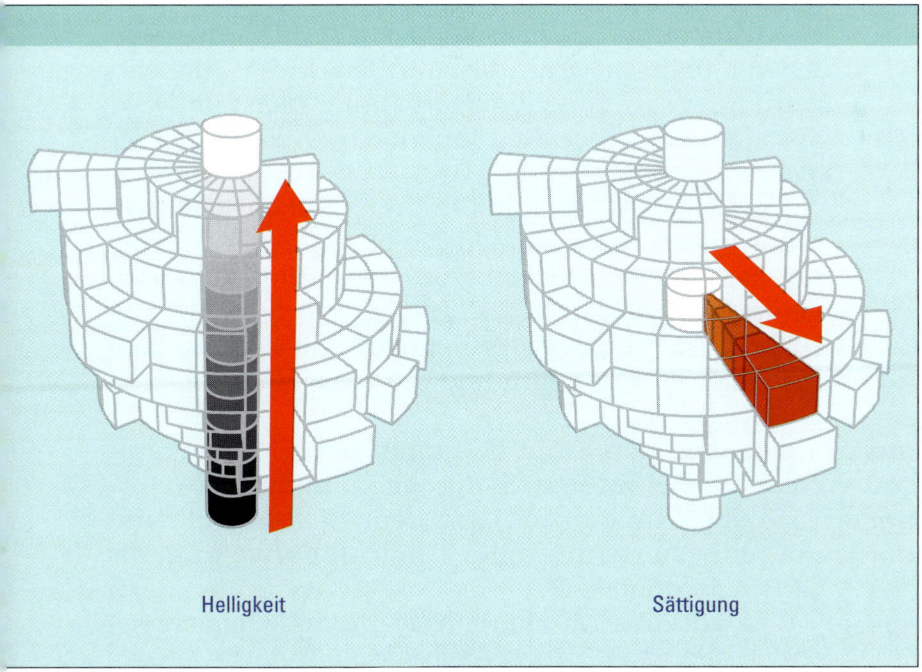

Bildbearbeitung

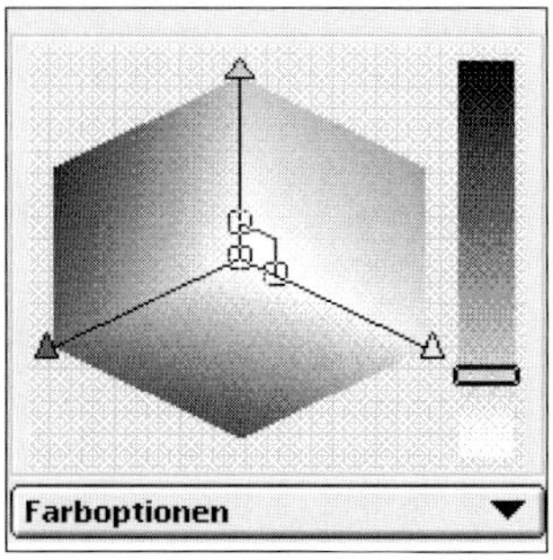

Durch die drei Farbanteile rot, grün und blau ergibt sich eine würfelförmiges geometrisches Modell, das in einzelnen Programmen zur Farbwertsbestimmung eingesetzt wird. (Bild: Agfa).

werden. Der dadurch aufgespannte Farbraum entspricht bildlich einem Würfel und wird als solcher manchmal auch in den Farbeinstellungsfenstern der Bildbearbeitungsprogramme dargestellt. Die Farbmischung erfolgt additiv.

Da das RGB-Modell auf den energiereichen Grundfarben des Lichts aufbaut, ist es besonders gut dafür geeignet, Farbinformationen für Geräte anzugeben, die selbst Lichtwellen aussenden. Computermonitore, Farb-LC-Displays oder Fernsehgeräte erzeugen den Farbeindruck durch rote, grüne und blaue Farbpunkte. Beim RGB-Modell müssen für die einzelnen Bildpunkte jeweils nur die Intensitätswerte angegeben werden, eine Umrechnung entfällt. Die Angaben sind, abhängig von der Größe des darstellbaren Farbraums, unterschiedliche Zahlenwerte, je nachdem in wievielen Stufen die Intensität der Farbe wiedergegeben wird. Farbraum und Intensitätsabstufung sind miteinander gekoppelt. Sind rot, grün und blau in acht Stufen ansprechbar, sind 8 x 8 x 8 Farben möglich, also 256 Farben. Der Wert für eine Farbe liegt zwischen 0 und 7 (0, 1, 2, 3, 4, 5, 6, 7). Bei 256 Stufen und damit bei 16,7 Millionen darstellbaren Farben kann ein Wert zwischen 0 und 255 jeweils für eine Farbe verwendet werden.

Korrekturen der Farbwerte im RGB-Modus sind schwer überschaubar, deshalb bieten die Bildbearbeitungsprogramme die Bearbeitung meist im HSV-System oder einer Kombination der Werte dieses Systems an.

Durch die Aufspaltung in drei gesonderte Kanäle rot, grün und blau können die Helligkeitswerte dieser Farbanteile getrennt von den anderen Werten verändert werden. Dies entspricht der Wirkung eines Vorsatzfilters bei gelb, um beispielsweise einen Blaustich zu verringern und die Gelb- und Rotanteile zu betonen.

Neben Farbton, Sättigung und Farbwert wird das Aussehen einer Farbe auch von der Farbe des Hintergrunds beeinflußt.

Die Funktion ist im Programm-Menü unter Farbbalance oder Farbton/Sättigung zu finden.

Bildbeschreibungen nach dem RGB-Modell sind um ein Viertel weniger speicheraufwendig als CMYK-Bilddateien.

Die additive Mischung von gleichen Intensitätsstufen aller drei Farben ergibt Grautöne. Die jeweils kleinste und größte gleiche Farbintensität ergibt schwarz bzw. weiß.

Werden nur zwei Farben addiert und der dritte Wert auf null gesetzt, so ergeben sich die Mischfarben gelb (aus rot und grün), purpur (aus rot und blau) und blaugrün (aus blau und grün).

Sie bilden zusammen die Druckfarben yellow (gelb), magenta (purpur) und cyan (blaugrün), zu denen noch schwarz als Schatten hinzukommt.

Das CMYK-Modell

Bei der Darstellung von Farben im CMYK-Modell geht man den im normalen Vierfarbendruck vewendeten Farben **c**yan, **m**agenta, gelb (**y**ellow) und schwarz (blac**k** oder **k**ey) aus.

Druckfarben reflektieren wie die Körperfarben die Anteile des Lichtes, die sie nicht absorbieren können und scheinen dadurch farbig zu sein. Die Druckfarben sind aus den Lichtfarben abgeleitet und enthalten jeweils zwei Farbanteile der Grundlichtfarben rot, grün oder blau.

Bei den Grundfarben sind alles die reinen Mischungen der anderen Grundfarben:

cyan = blau und grün
yellow = rot und grün
magenta = rot und blau

Licht-Grundfarben und Druck-Grundfarben sind komplementär, das heißt sie stehen sich im Farbkreis gegenüber.

Unter Komplementärfarben versteht man die Farben, die einer Farbe im Farbkreis gegenüberstehen.

rot ÷ blau und grün = cyan
blau ÷ rot und grün = gelb
grün ÷ rot und blau = magenta

Da das verschluckte Licht dem Licht der Komplementärfarbe des reflektierten Lichtes entspricht, wird von einem Druck-Farbpunkt jeweils eine Grundlichtfarbe absorbiert.

Ein cyanfarbener Druckpunkt absorbiert also das rote Licht und reflektiert blau und grün.

Bildpunkte, die nicht selbst Licht ausstrahlen, sondern wie Druckfarben nur Licht reflektieren, können Mischfarben nicht additiv hervorbringen. Das Spektrum an Farben entsteht dadurch, daß sich Teile des reflektierten Lichtes überlagern und dadurch Anteile des Lichts absorbiert werden, das normalerweise reflektiert würde. Dadurch ergibt sich ein Verlust an Helligkeit, der eine Druckfarbe bei gleichem Farbwert matter erscheinen läßt als die gleiche Lichtfarbe.

Normalerweise würde Licht das auf zwei Punkte mit den Farben gelb (rot und grün) und cyan (blau und grün) trifft, in den Anteilen der Farbpunkte reflektiert, also rot und grün, grün und blau.

Durch die Nähe der Druckpunkte zueinander wird ein Teil des »fremden« Lichts absorbiert.

Stehen die Druckpunkte gelb und cyan sehr nahe beieinander, so schluckt der gelbe Farbpunkt auch die blauen Anteile, die der cyanfarbene Bildpunkt reflektiert, der cyanfarbene wiederum die roten Anteile des gelben Druckpunktes. Die beiden Punkte werden grün wahrgenommen.

Treffen drei Druckpunkte aufeinander, wird alles Licht absorbiert und kein Licht reflektiert, der Punkt erscheint schwarz.

Die Schwärzung fällt aufgrund von Unreinheiten der Druckfarbe nur dunkelbraun aus. Es wird daher zusätzlich zu den reinen Komplementärfarben schwarz als Sonderfarbe verwendet. Schwarz sorgt nicht nur für ein satteres Schwarz als Farbe, es verbessert auch die Tiefe eines Bildes und erlaubt Schattierungen konturierter wiederzugeben.

Im Druck können die in einem Bildpunkt zusammentreffenden farbigen Druckpunkte um den Anteil verkleinert werden, der nicht für den Farbeindruck, sondern nur für den Helligkeitswert sorgt. Er wird durch einen schwarzen Druckpunkt der gleichen Absorptionsfähigkeit ersetzt. Dadurch werden Kosten gespart, da für den Schwarzpunkt nur ein Drittel der Farbkosten anfallen, als für je einen gelben, cyan- und magentafarbenen Punkt.

Das CMYK-Farbmodell dient nicht so sehr dem Verständnis des Phänomens Farbe, als der Umrechnung der Lichtfarben in die für die Reproduzierbarkeit so entscheidenden Reflexionsfarben.

Farbwiedergabe

Trotz 16,7 Millionen darstellbarer Farben erscheinen weniger Farben auf dem Bildschirm als in der Natur wahrnehmbar sind. Bei der Bildausgabe können noch weniger Farben wiedergegeben werden.

Die verschiedenen für die Farbdarstellung notwendigen Farbmodelle müssen eindeutig zueinander umgesetzt werden können, damit die Umsetzung von Bildschirm zu Druckpunkt ohne arge Überraschungen erfolgen kann.

Bereits 1931 hat die CIE, die Commission Internationale d'Eclairage, die drei Grundfarben rot (x), grün (y) und blau (z) eindeutig festgelegt.

Das darauf beruhende CIE- xyz-Farbmodell zeigt die Farben in einem RGB-definierten Koordinatensystem an, wodurch die Farben gleicher Helligkeit auf einer Ebene zu liegen kommen.

1976 wurde dieses System in ein neues Farbmodell, das CIE L*a*b*-Modell, überführt.

Alle Farben gleicher Helligkeit befinden sich auf einer Schnittebene senkrecht zu einer Kugelachse, ähnlich dem HSV-Modell. Die Werte werden vom Mittelpunkt dieses Kreises aus angegeben. Die Achse von 0°–180° heißt im positiven Bereich +a und zeigt rötliche Werte, im negativen Bereich –a und

CIE L*a*b*-Farbmodell

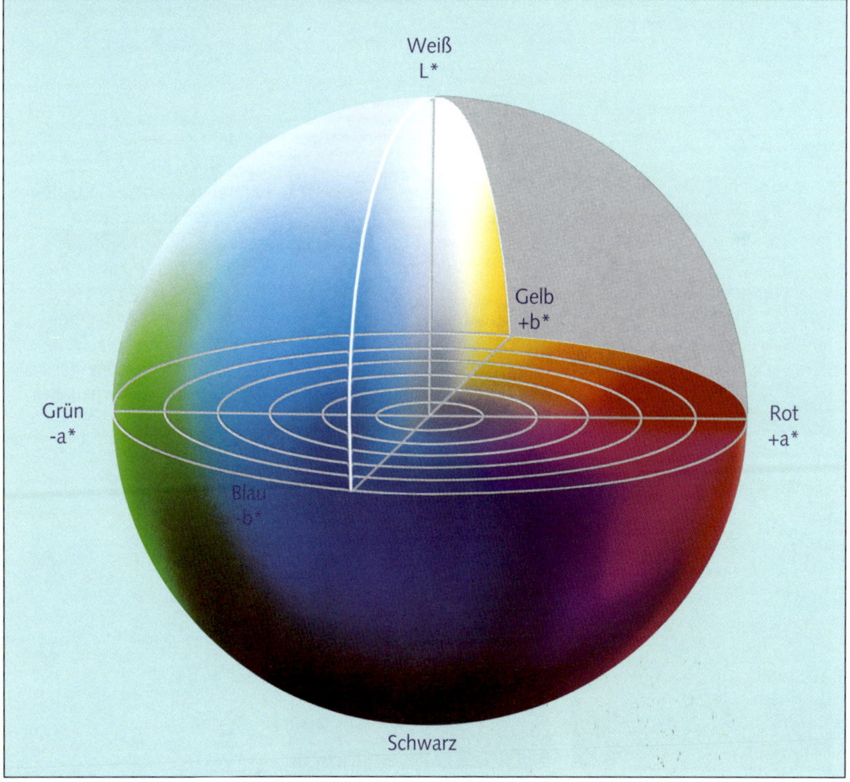

Im CIE-Lab-Modell wird der Farbkreis in 2 x 2 Hälften geteilt. Eine Achse wird durch den Schwarz-Weiß-Kontrast bestimmt, die zweite durch Rot-Grün (Bild: Agfa).

Bildbearbeitung

zeigt grünliche Werte. Senkrecht auf ihr befindet sich die Achse von 90°–270°, die im positiven Bereich +b gelbe und im negativen Bereich –b bläuliche Werte zeigt. Die Darstellung der Helligkeit ist in der Kugelachsen-Richtung festgelegt und reicht von schwarz L bis weiß L. Durch die mathematische Orientierung des Lab-Modells sind Umrechnungen einfacher. Das Lab-Modell wird auch im PostScript-Verfahren (Level 3) integriert.

Vergleich von Farbpaletten

Das sichtbare Farbspektrum, d.h. der mit dem Auge wahrnehmbare Farbumfang, umfaßt sehr viel mehr Farben als das RGB-Spektrum (Rot, Grün, Blau), das zur Darstellung von Farben auf einem Monitor verwendet wird. Der mit vorgemischten Druckfarben druckbare Farbumfang richtet sich nach dem jeweiligen Druckverfahren. Sonderfarbsysteme können mehr Farben als der Vierfarbprozeßdruck reproduzieren, wobei der HiFi-Color-Druck den größten druckbaren Gamut aufweist.

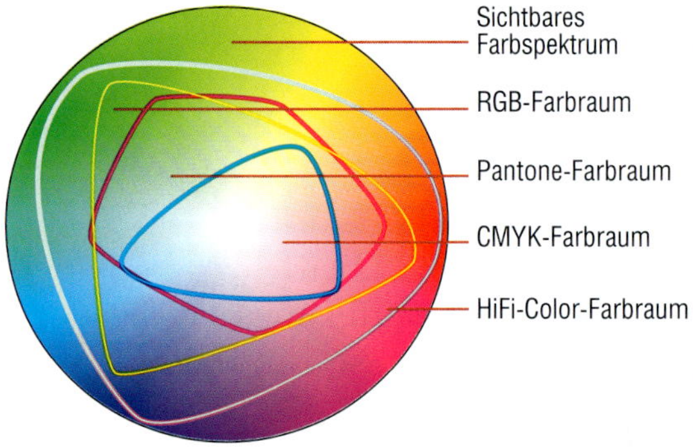

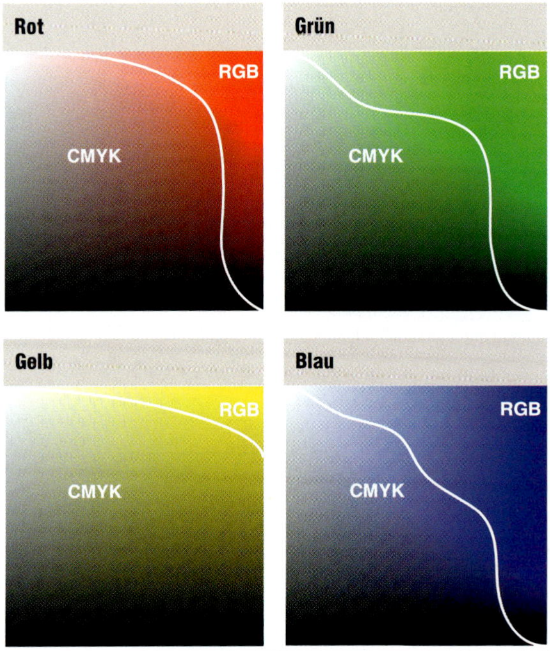

Bei der Umwandlung von Farben aus dem RGB-Farbraum auf dem Computer-Bildschirm in den CMYK-Farbraum für Prozeßfarben liefert der CMYK-Farbraum bei einigen Farben bessere Ergebnisse als bei anderen. So können z.B. mehr RGB-Grüntöne als Blautöne mit Prozeßfarben wiedergegeben werden.

Vergleich von Farbpaletten (Bild: Agfa).

Monitorkalibrierung

Jeder Monitor, selbst einzelne Monitore der gleichen Baureihe, zeigt Farbe in einer eigenen Farbnuance an. Hinzu kommt noch, daß das Umgebungslicht die Farbdarstellung beeinflußt, die Darstellung von der Betriebsdauer des Monitors Schwankungen unterworfen ist – selbst die Regelung der Bildschirmhelligkeit verändert die Farbgenauigkeit der Bildschirmwiedergabe. Daher sollten die Einflüsse, die zu Abweichungen führen können, möglichst gering gehalten werden. So muß bei der Bildbearbeitung am Bildschirm für eine möglichst gleichbleibende Beleuchtung gesorgt werden, was bei Arbeit mit künstlichem Licht am besten garantiert ist. Die Farbeinstellung am Gerät sollte nicht verändert werden und muß in regelmäßigen Abständen neu kalibriert werden, das heißt durch ein Referenzprogramm abgeglichen werden.
Unabhängig vom verwendeten Programm ist darau zu achten, daß

- ❑ der Monitor bereits eine konstante Betriebstemperatur erreicht hat, was voraussetzt, daß das Gerät mindestens eine halbe Stunde in Betrieb war (im Anzeigemodus und nicht abgedunkelt),
- ❑ der Hintergrund des Kalibrierfeldes, die Oberfläche der Betriebssoftware, einen gleichmäßigen Grauwert zeigt, um Beeinträchtigun-

Farbmanagement

Monitorkalibrierung
Das Monitor-Gamma wird visuell so eingestellt, daß die Grautöne neutral sind und einen ausgewogenen Tonwertumfang aufweisen. Zur Einstellung des Monitor-Gamma können auch Kalibriergeräte verwendet werden. Nach Einstellen des Monitor-Gamma wählt man das entsprechende Monitorprofil und die Lichtverhältnisse in einer für

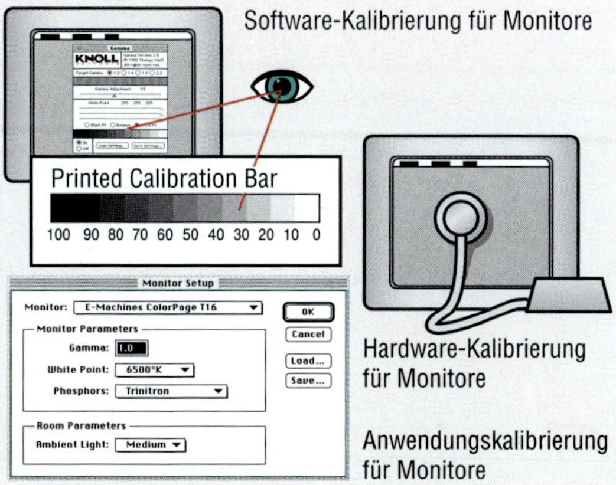

Keine Farbe gleicht der anderen ganz. Um dennoch arbeiten zu können, müssen Monitore und Ausgabemedium geeicht werden (Bild: Agfa).

gen der optischen Kontrolle zu vermeiden,
- ❑ das Umgebungslicht den Lichtverhältnissen angepaßt ist, unter denen auch später gearbeitet werden soll.

Das Kalibrierungsprogrammfeld enthält Angaben zum Gammawert, also dem Verlauf der Helligkeit von hell nach dunkel, zur Bildschirmdarstellung, Regler um eine eventuell vorhandene Farbstichigkeit zu korrigieren und einen Zielgammawert, der von Ausgabemedium zu Ausgabemedium verschieden eingestellt werden kann.

Die Farbkorrektur kann normalerweise für weiß, neutrales grau und schwarz gesondert erfolgen.

Die Einstellungen der Kalibrierung können gespeichert werden. Für verschiedene Monitore müssen auch verschiedene Gammakorrekturwerte verwendet werden, die einzeln abrufbar sind.

Worauf beruht die Gammakorrektur?

1. Schwarz,weiß und neutrales grau liegen in einem HSV-Farbmodell auf einer Linie. Dabei sind die RGB-Farbanteile jeweils gleich groß.
2. Das menschliche Auge reagiert auf Tonwertabstufungen im dunklen Bereich weniger empfindlich als auf Abstufungen im hellen Bereich. Daher muß die lineare Darstellung angepaßt werden, um keinen falschen Eindruck entstehen zu lassen.
3. Tonwertflächen und Flächen, die durch die Verteilung von hellen und dunklen Punkten entstehen, erscheinen für das menschliche Auge aus einer gewißen Entfernung gleich. Zur Gammakorrektur wird das dazu genutzt, um eine 50%ige Hell-Dunkelverteilung mit einem nutzbaren Grauwert von 50% abzustimmen.
4. Die Monitordarstellung beruht auf der Farbtemperatur des Monitors, die bei 6500 Kelvin liegt. Dazu kommt die Umgebungslichtsituation. Diese Werte werden mit den Parametern des Ausgabemediums in Verbindung gebracht (Papiersorte, Papierfarbe, Oberfläche, Tonwertzuwachs usw.). So kann die Darstellung am Bildschirm dem Eindruck des später ausgegebenen Bildes angenähert werden.

Monitore und Grafikkarten

Monitore zeigen die einzelnen Bildpunkte durch ein Feld mit drei Lichtpunkten in den Farben rot, grün und blau durch additive Farbmischung an. Zur Bildbearbeitung müssen Monitore kalibriert werden.
Die Menge der darstellbaren Bildpunkte beträgt daher ein Drittel der angesteuerten Leuchtpunkte, die ein Kathodenstrahl von hinten zum Aufglühen bringt. Die Trennung der einzelnen Bildpunkte erfolgt dadurch, daß der Kathodenstrahl vor dem Auftreffen auf die Bildschirmoberfläche durch eine Maske geführt wird. Es gibt Masken, die mit winzigen Löchern durchsiebt sind (Lochmasken) und Streifenmasken, die durch eng gespannte, haardünne Drähte eine Unterbrechung des Zeile für Zeile abwandernden Strahles bewirken. Lochmaskenmonitore heißen auch Flatscreenmonitore, Streifenmaskenmonitore auch Trinitron- oder Diamondtronmonitore.
Für die Steuerung des Strahlers ist ein System im Computer zuständig, das Grafiksystem oder, da die elektronischen Bauteile auf einer kartenförmigen Leiterplatte aufgebracht sind, die Grafikkarte.
Nicht alle Monitore sind von jedem Rechner aus betreibbar, besonders große Monitore erfordern oft eine Erweiterung oder den Austausch des eingebauten Darstellungsbausteins. Die Grafikkarte bestimmt auch, in welcher Farbtiefe die Bildpunkte angesprochen werden können.
Die Auflösung eines Monitors wird in der Regel in darstellbaren Bildpunkten (Pixel) angegeben. Sie ist je nach der Monitorgröße unterschiedlich und geht von 640′ x 480′ bei 14‘ Monitoren bis zu 1600 x 1200 bei 21‘ Monitoren. Moderne Monitore erlauben innerhalb gewißer Grenzen eine verkleinerte Darstellung größerer Bildpunktmengen (Multisync-Monitore).

19. Spaziergang durch ein Bildbearbeitungsprogramm

Die Bearbeitung einer Bilddatei kann sich auf die Bilddatei insgesamt, einzelne Farbkanäle oder auf einzelne ausgewählte Bildbereiche beziehen.

Die dazu zur Verfügung stehenden Werkzeuge und Funktionen sind in allen Bildbearbeitungsprogrammen nahezu gleich. Die Programme unterscheiden sich nur im Funktionsumfang, der Differenzierung einzelner Funktionen und deren Bezeichnung.

Auch die Zuordnung zu Programm-Menüs, die Anordnung in Werkzeugpaletten und die verwendeten Symbole sind etwas unterschiedlich, doch fällt es mit einiger Grundkenntnis leicht, sich mit dem gerade zur Verfügung stehenden Bildbearbeitungsprogramm zurechtzufinden.

Überblick über die Funktionen

Befehle und Werkzeuge

In der digitalen Bildbearbeitung gibt es in der Regel Befehle und Werkzeuge.

Befehle, die über eine Menü oder eine Tastenkombination aufgerufen werden, verändern das ganze Bild oder einen ausgewählten Bildbereich selbständig und fordern weiteres Zutun seitens des Benutzers zur Eingabe der Bearbeitungsparameter.

Werkzeuge erlauben eine gesteuerte Bearbeitung des Bildes oder markierter Bildausschnitte, wobei der Benutzer den Ort der Wirksamkeit mit dem Mauszeiger bestimmt. Der Wirkungsbereich der Werkzeuge kann gesondert eingestellt werden. Selbst in Programmen, die ausschließlich für den nichtprofessionellen Anwender gedacht sind, wie PhotodeLuxe von Adobe oder Power Goo und Soap von Meta Tools, wird zwischen Befehlen und Werkzeugen unterschieden.

Menüs und Filter

Meist befinden sich die wichtigsten Befehle für die Bildkorrektur im Menüpunkt **Bild,** der fast in jedem Bildbearbeitungsprogramm enthalten ist. Hier werden Helligkeit und Kontrast eingestellt, Tonwerte angepaßt, Größenverhältnisse und Auflösung verändert, Bilder gedreht und gespiegelt.

Im Menüpunkt **Filter** oder **Effekte** befinden sich neben den Effektfiltern Funktionen, die Einfluß auf die Schärfe eines Bildes nehmen.

Durch die Befehle *Scharfzeichnen* oder *Weichzeichnen* werden die Bilder in ihren Kontrasten verändert, dadurch daß angrenzende Pixel kontrastreicher bzw. kontrastärmer angesprochen werden.

Durch den Filter *Störungen entfernen* können vor allem Moiré-Bildungen, die beim Scannen von Druckbildern entstehen, beseitigt werden.

Bei Programmen, die wie Adobe Photoshop mit Ebenen arbeiten, finden sich einige Funktionen im Menü Ebenen.

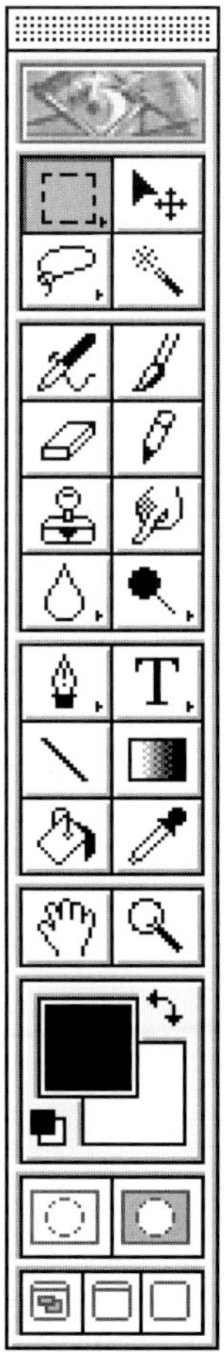

Die Werkzeugpalette von Bildbearbeitungsprogrammen sind ähnlich aufgebaut.

Werkzeugpalette

Die Werkzeuge sind nicht in einem Menü der Programmleiste zu finden, sondern in einer Werkzeugpalette untergebracht.

Die einzelnen Funktionen werden durch einfachen Mausklick angewählt, der doppelte Mausklick öffnet ein Einstellungsfenster, in dem der Wirkungsbereich des Werkzeugs eingestellt werden kann. Man nennt diese Einstellungsfenster oft auch Werkzeugspitzen, da die Wahl eines Werkzeugs den Mauszeiger in ein Werkzeug verwandelt und auch als solches dargestellt werden kann. Der Wirkungsbereich wird daher analog als Werkzeugspitze bezeichnet.

Mit jedem Werkzeug ist nur eine Funktion verbunden, die Anwendbarkeit dieser Funktion kann durch eine vorher festgelegte Auswahl auf einen bestimmten Bildbereich eingeschränkt werden.

Die Beschränkung auf Bildbearbeitungsschritte, die es erlauben ein Bild zu korrigieren und zu opti-

Manchmal sind auch die Funktionen für Drehen und Spiegeln unter dem Menüpunkt Filter/Effekte zu finden. Am Beispiel von Adobes Photoshop 4.0 sollen die Funktionen kurz vorgestellt werden. Die wesentlichen Schritte für die Bildoptimierung werden im folgenden Kurzlehrgang step by step vorgestellt.

mieren, entspricht den mit digitaler Fotografie verbundenen Erwartungen am meisten.

Die Möglichkeiten eine Bilddatei zu bearbeiten sind so vielfältig, daß die Beschreibung ein Buch sprengen muß. Daher kann hier nur ein Ausschnitt gezeigt werden, der dem Interessierten den Einstieg erleichtert.

Bildbearbeitung step by step

Bei unserem Spaziergang durch die Grundfunktionen eines Bildbearbeitungsprogramms lernen Sie praktisch und anschaulich die wichtigsten Funktionen kennen.

Als Beispielprogramm wurde Adobe Photoshop 4.0 ausgewählt, das sich als Standard der digitalen Bildbearbeitung durchgesetzt hat. Im Photoshop erfolgen die einzelnen Bearbeitungsschritte step by step, daher eignet es sich für einen Grundkurs besonders gut.

Sie finden alle kurz beschriebenen Funktionen aber auch in anderen Bildbearbeitungsprogrammen, wenn auch die einzelnen Befehle vielleicht unter einer anderen Menübezeichnung zu finden sind.

Auswahl einzelner Bildelemente

In unserem Beispiel wollen wir ein Bild modifizieren und anschließend der jungen Frau auf dem Berg Gesellschaft verschaffen und den Fotografen mit ins Bild bringen. Dazu werden wir noch ein paar Fehlerkorrekturen zeigen.

Die einzelnen Schritte werden an einem anderen Bild vorgeführt. Sie können die einzelnen Arbeitsgänge an einem eigenen Bild nachvollziehen und dabei Ihr eigenes Bildbearbeitungsprogramm nach und nach erkunden.

Mit der Lupe können Sie einen kleinen Bildausschnitt markieren. Dadurch werden die einzelnen Pixel erkennbar.

Wählen Sie für den Anfang nur einen kleinen Ausschnitt, das spart Speicherplatz und Rechnerzeiten und wechseln Sie oft die Darstellungsgröße, um sich mit den Pixelwelten vertraut zu machen. So werden Sie schnell mit den Pixeln vertraut.

Nach dem Öffnen des Programms und dem Laden des Bildes, lernen Sie als erstes, verschiedene Bildelemente auszuwählen.

Dazu dienen die Auswahlwerkzeuge, die Sie einzeln oder miteinander kombiniert anwenden können.

Mit dem Rechteck wählen wir einen Bildausschnitt, den wir mit dem Befehl *Freistellen* als Ausgangsbild verwenden wollen.

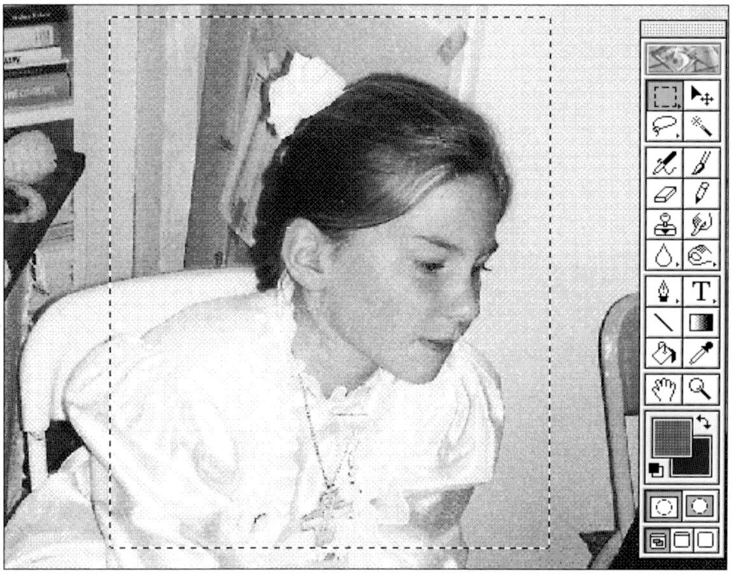

Mit der rechteckigen Auswahl wird ein Bildausschnitt festgelegt.

In diesem Bildausschnitt wird erneut eine rechteckige Auswahl gewählt, die wir erweitern wollen. Dazu wechseln wir in die Freiformauswahl (Lasso) und halten die Umschalttaste gedrückt, während wir die Kontur des Gesichts nachzeichnen.

Der mit einer geschlossenen Linie umrissene Bereich wird der Auswahl zugefügt.

Unabsichtlich miteingeschlossene Bereiche entfernen wir aus der Auswahl, indem wir bei gedrückter Alt-Taste den unerwünschten Bereich nachzeichnen. Dabei muß nur die Grenze zu späteren Auswahlbereich genau gezogen werden, den Bereich selbst kreisen wir mit einem großzügigen Schwung ein. Bei geraden Kanten kann auch die rechteckige Auswahlfunktion bei gedrückter Alt-Taste verwendet werden, um die Auswahl zu verkleinern.

Alle Auswahllinien müssen geschlossen sein. Offene Auswahlenden werden automatisch miteinander verbunden.

Diese Funktionen sind auch innerhalb der markierten Auswahlbereiche verfügbar.

Bei gedrückter Shift-Taste wird der Auswahlbereich vergößert.

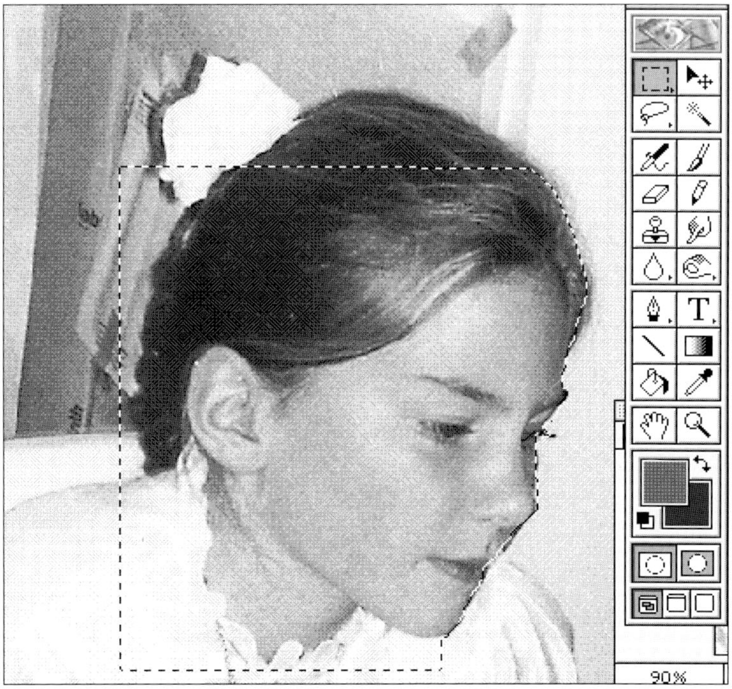

Beim Erweitern oder Verkleinern der Auswahl mit den Auswahlwerkzeugen muß immer eine zusätzliche Taste gedrückt werden, sonst ersetzt die neue Auswahl die bereits erstellte. Durch Strg-Z können Sie im Falle des Falles die letzte Änderung widerrufen.

Mit dem Zauberstab kann die Auswahl auf Bildpunkte bezogen werden, die den gleichen Informationswert haben, was die Helligkeit und die Farbe betrifft. Wir benutzen ihn, um noch nicht erfaßte Haare in die Auswahl miteinzubeziehen.

Ausgewählte Bereiche, können durch Befehle im Menü **Auswahl** erweitert, oder auf ähnliche Stellen im gesamten Bild bezogen werden.

Wichtig ist auch der Befehl *Auswahl umkehren;* dadurch können Sie mit dem Zauberstab zuerst den Hintergrund markieren und dann die Auswahl auf das Motiv umkehren.

Die getroffene Auswahl können wir jetzt benutzen, um Korrekturen am Farb- und Helligkeitswert vorzunehmen, Filter anzuwenden oder das Bild im Auswahlbereich zu modifizieren.

Die Veränderungen sind willkürlich gewählt, sie sollen nur die Eingrenzung auf den Auswahlbereich verdeutlichen.

Die Fähigkeit, eine Auswahl zu erstellen, gehört zum grundlegenden Wissen für die digitale Bildbearbeitung. Sie sollten sie daher gründlich üben.

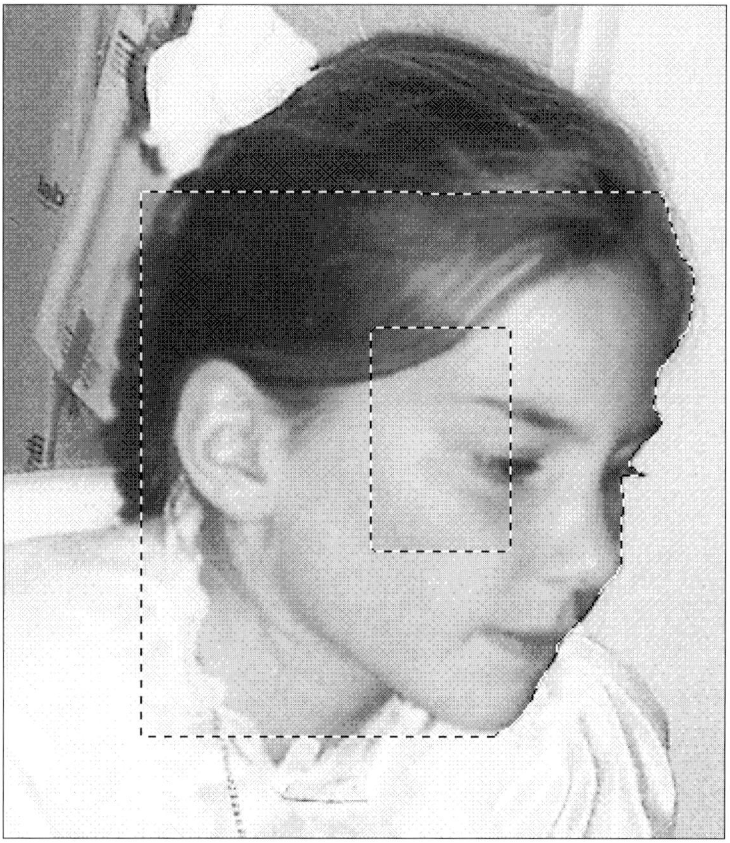

Die Wirkung eines Befehls wird auf den markierten Bildausschnitt beschränkt.

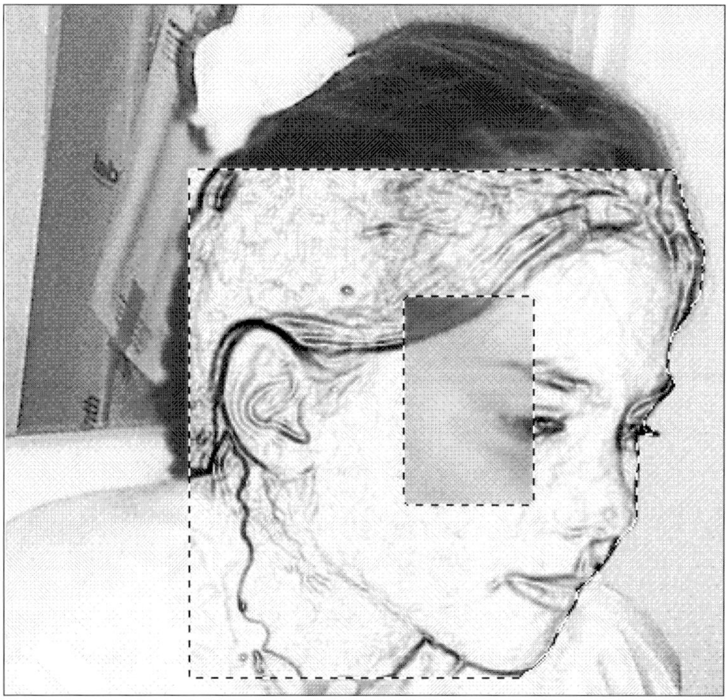

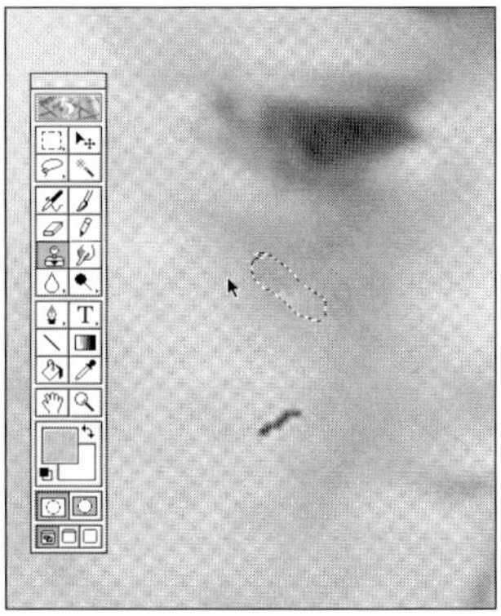

Sörungen werden

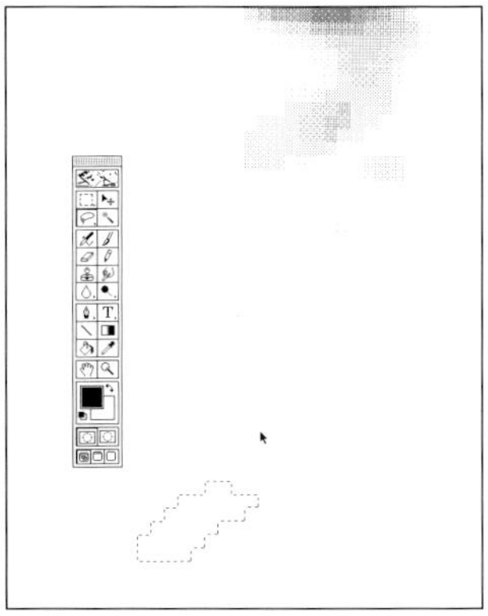

mit Filter

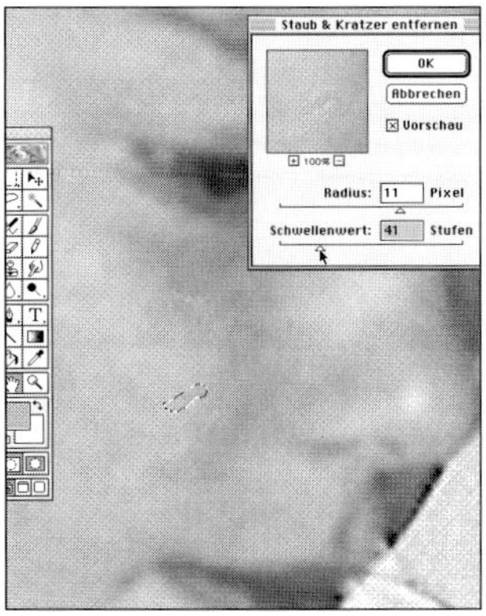

oder Stempel entfernt.

Korrekturen am Bild

Korrekturen am digitalen Bild beseitigen Störungen bei der Bilderfassung, sei es mit der Kamera oder dem Scanner.

Störungen entfernen

In unserem Beispiel werden wir künstlich Störungen einfügen, um die Vorgehensweise zu zeigen.

Mit Hilfe der Zeichenwerkzeuge malen wir einen Fusel in roter und einen in grüner Farbe in das Bild.

Die Bearbeitung mit einem speziellen Filter *Störungen entfernen,* gleicht aneinander grenzende Bildpunkte aus, die in einem einstellbaren Pixelkreis um den jeweiligen Bildpunkt liegen. Dabei werden starke, aber räumlich einzeln gelegene Kontraste verringert. Das Bild oder der Bildbereich erfährt dadurch eine Weichzeichnung.

Manuell können solche Fehler mit dem Stempel-Werkzeug korrigiert werden. Der Stempel dupliziert Bildteile in der Umgebung und überschreibt damit die fehlerhaften Bildstellen. Zur Korrektur wählen Sie den Stempel und suchen sich eine Stelle des Bildes in der Nähe der Störung, die der fehlerhaften Stelle möglichst gleicht.

Durch einen Mausklick bei gedrücketer Alt-Taste auf diese Stelle markieren Sie die zu übertragenden Bildpunkte. An der fehlerhaften Stelle beginnen Sie durch einem zweiten Mausklick bei gedrückter Maustaste die Übertragung der einwandfreien Bildpunkte und überschreiben die gesamte fehlerhafte Bildstelle. Dabei werden ganze Bildflächen dupliziert und übertragen.

Eine andere Korrektur erfolgt nach der Eingrenzung der Schadstelle durch den Befehl *Filter, Staub und Kratzer entfernen.* Beginnen Sie mit einem niedrigen Pixelradius (1) und Schwellwert (0) und erhöhen Sie den Pixelradius dann solange, bis der Fehler verschwunden ist. Erhöhen Sie jetzt den Schwellwert, bis sich der Fehler wieder abzeichnet und nehmen Sie dann den Wert ein wenig zurück.

Drei Einzelbilder werden im Photoshop zu einer Fotomontage zusammengefügt.

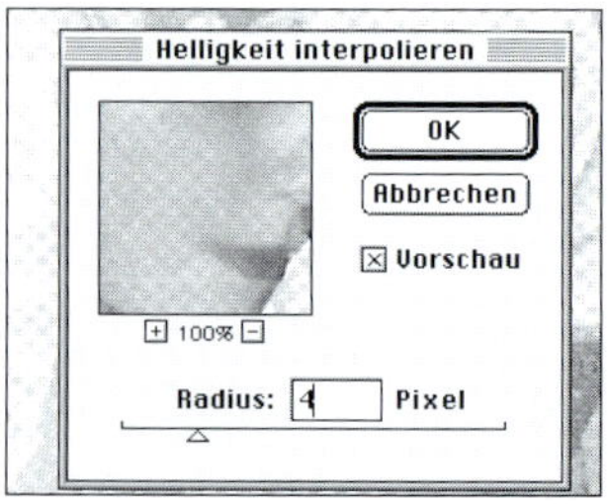

Durch die Feinabstufung des Filters erfolgt eine vorsichtige Korrektur.

Rauschen entfernen

Das Rauschen, bunte Bildpunkte, die im Bild erscheinen, erzeugen wir künstlich mit dem Filter *Störungen hinzufügen*. Den gewählten Ausschnitt behalten wir der Einfachheit gleich bei. Wir korrigieren das künstliche Rauschen, das bei der Fotografie durch den Dunkelstrom, häufig bei One-Shot-Kameras, auftritt, mit den Filtern *Störungen enfernen* oder *Helligkeit interpolieren* aus dem Menü **Filter**.

Falls die Angleichung benachbarter Pixel zu einer sichtbaren Unschärfe im Bild führt, können Sie mit einer Unschärfemaskierung die Konturen wieder deutlicher hervortreten lassen. Die *Unschärfemaskierung* finden Sie unter dem Filter *Scharfzeichnung* im Menü **Filter**. Richtwerte sind hierfür ein möglichst kleiner Pixelradius, ein niedriger Schwellwert (5) und eine Stärke zwischen 40–50%.

Farbsäume korrigieren

Farbsäume entstehen bei der Aufzeichnung an der oberen Impulsgrenze der CCD-Sensoren. Sie sind daher am digitalen Bild bei den Lichtern angeordnet.

Wir erzeugen einen künstlichen Farbsaum, indem wir ein helles Bildelement mit dem Zauberstab markieren, ausschneiden und geringfügig verschieben.

Farbsäume korrigieren Sie ebenfalls nach der Auswahl des entsprechenden Bereichs mit dem

Spitzlichter entstehen an harten Kontrastübergängen bei einfachen digitalen Kameras (Bild Agfa).

Stempel, indem Sie intakte, fehlerfreie Bildstellen übertragen.

Oft genügt es auch, die Sättigung der markierten Bereiche zu reduzieren. Gehen Sie hierzu in das Menü **Bild** und wählen Sie, unter dem Befehl *Einstellen, Farbton und Sättigung* aus.

Mit dem Schwamm, der mit dem Aufhellungs- und Abdunklungswerkzeugen auf einem Palettenort untergebracht ist, kann die Verringerung der Sättigung auch punktuell erfolgen. Wählen Sie dazu eine Werkzeugspitze, die nicht größer als der Farbsaum ist.

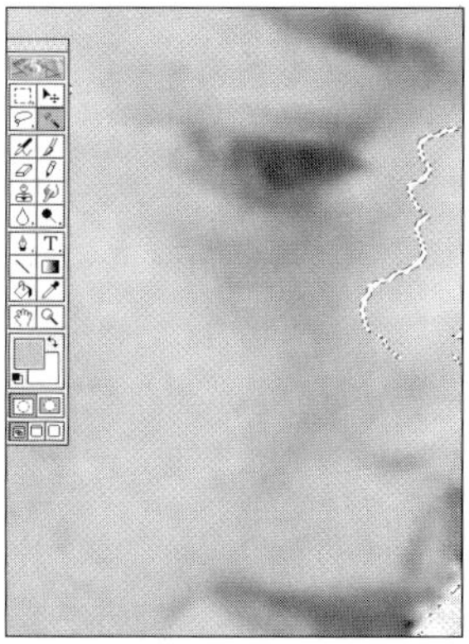

Farbsäume werden zuerst markiert

Feinabstimmung von Helligkeit und Tonwert

Änderungen an den Helligkeitswerten erfolgen mit den Werkzeugen Abwedeln, Nachbelichtung.

Im Menü **Bild** können Sie mit dem Befehl *Einstellen* für das ganze Bild oder einen gewählten Ausschnitt die Helligkeits- und Farbwerte verändern. Mit dem Wischfinger glätten Sie die Übergänge.

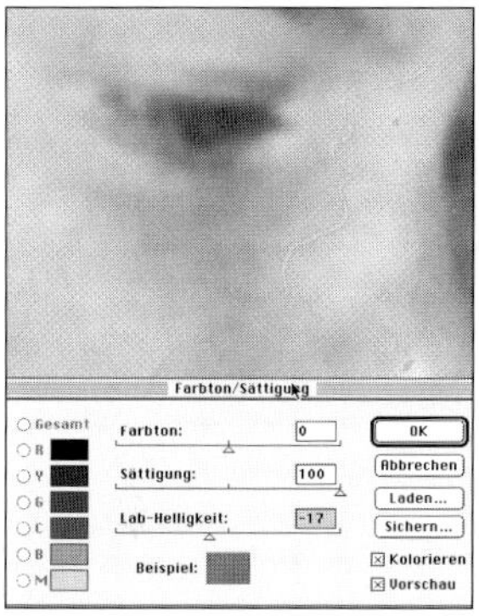

und dann durch geänderte Werte bei Farbton und Sättigung gefüllt.

Mit dem Befehl *Helligkeit/Kontrast* verändern Sie gleichzeitig alle Bildpunkte unabhängig von einem Helligkeitsbereich.

Mit dem Befehl *Tonwerteinstellung* können Sie differenziert Lichter, Mitteltöne und Schatten bearbeiten, was in der Regel zu besseren Ergebnissen führt.

Der Befehl *Gradationskurven* erlaubt es Ihnen sogar, jeden Helligkeitsbereich gesondert einzurichten. Dazu verändern Sie die Kurve mit der Maus, indem Sie die Punkte durch Mausklick festlegen und zwischen den Punkten den Kurvenverlauf mit der Maus »zurechtbiegen«.

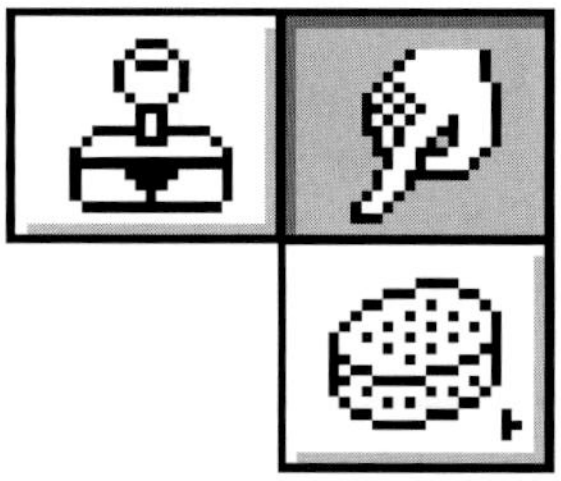

eventuell vorhandene Flecken werden durch Wischfinger, Schwamm oder Stempel ersetzt.

Der Bereich der Kurve unter einer 45°-Achse zeigt die verringerte Gradation an, die Werte werden zusammengefaßt und erscheinen gleichförmiger.

Der Bereich oberhalb der 45°-Ebene entspricht einer Erhöhung der Gradation, das heißt die entsprechenden Werte werden gespreizt und in einer besseren Abstufung angezeigt.

Mit den drei Pipetten können Sie im Bild Punkte auswählen, die als Schatten, Mittelwerte und Lichter gelten sollen. Hellere oder dunklere Bildstellen werden dadurch auf diesen Wert hin abgeändert, die

Die ursprüngliche Tonwertverteilung wird …

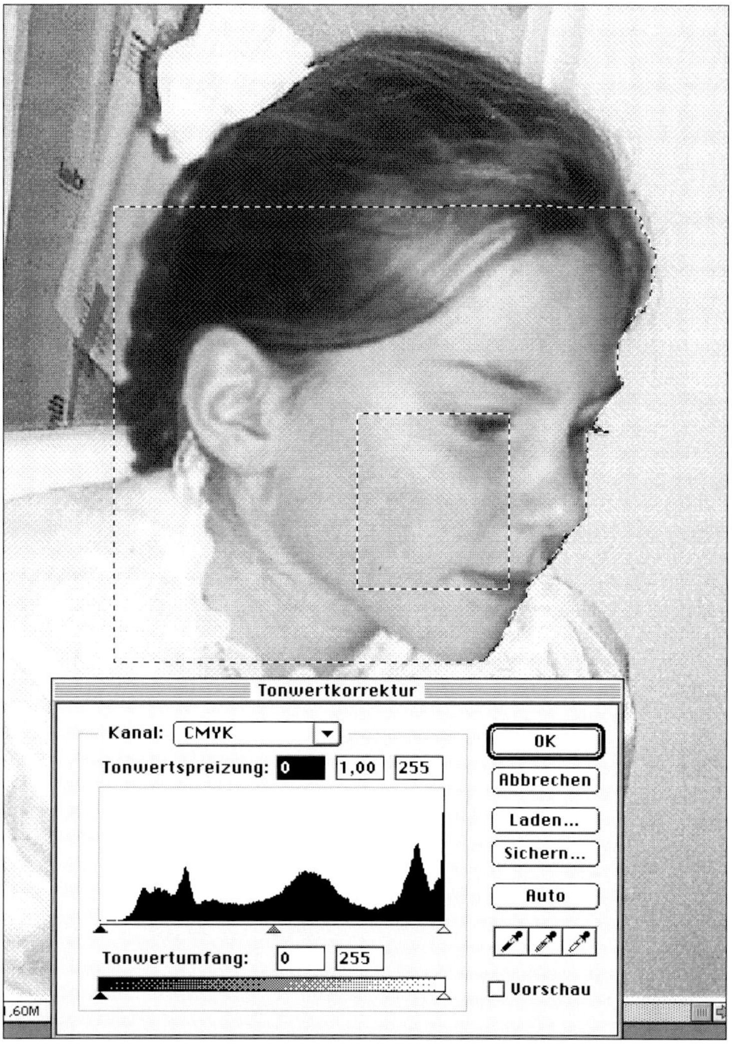

Farbabstufung auf den gewählten Neutralwert bezogen (vgl. HSV-Farbmodell).

Die Anpassung der Helligkeit können Sie für alle Farbkanäle getrennt vornehmen. Dadurch können Sie die Farben sehr genau korrigieren.

Mit dem Befehl *Farbbalance* erfolgt die Anpassung nach Farben getrennt. Sie können beispielsweise einen Gelbstich in den Lichtern gesondert korrigieren.

Mit dem Befehl *Farbton/Sättigung* wird die Einstellung nach dem HSV-Modell möglich. Dadurch können Sie eine Korrektur der Farbintensität vornehmen, ohne die Helligkeitswerte oder die Farbtöne zu verändern. Bei gleicher Helligkeit und

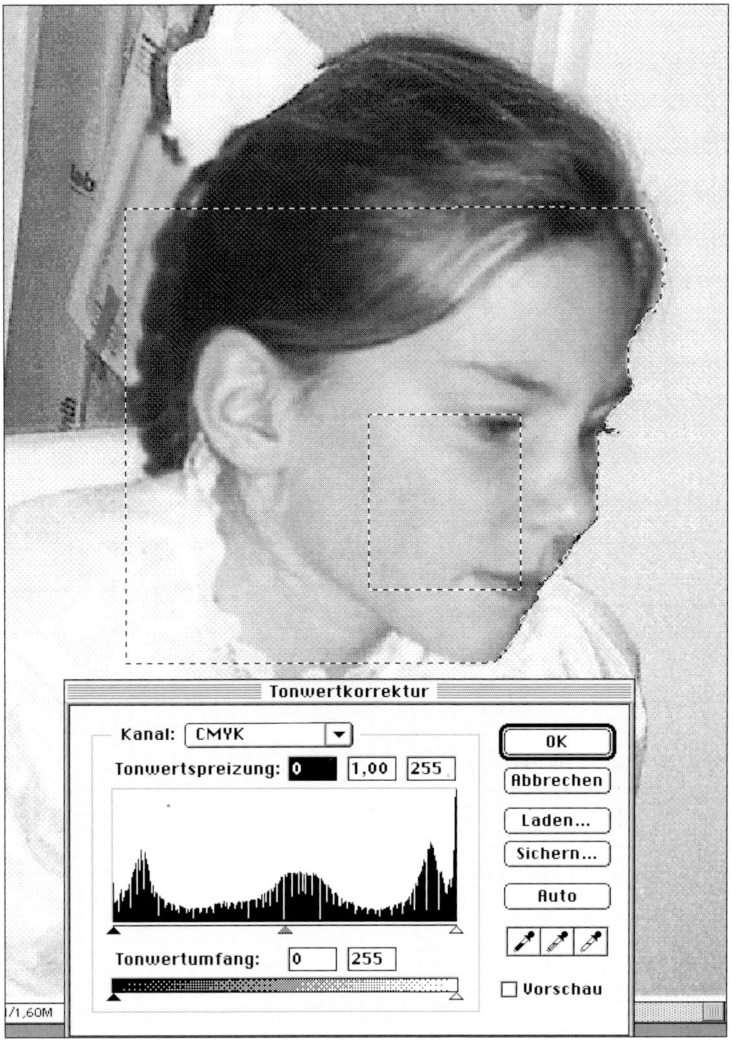

... bereits durch die automatische Anpassung oft deutlich verbessert. Noch genauer kann dies mit der Gradationskurve erfolgen.

Intensität kann damit auch ein Farbstich behoben werden.

Effekte

Im nächsten Schritt können Sie eine Bildauswahl verformen. Sie finden die dazu notwendigen Befehle im Menü **Transformieren** oder **Modifizieren.** Photoshop hält die Befehle im Menü **Bild-Ebenen** unter dem Befehl *Transformieren* für Sie bereit.

Jetzt kann die Auswahl vergrößert, verkleinert, gedreht, gespiegelt, geneigt oder verzerrt werden. Lassen Sie Ihrer Phantasie und Spiellust freien Lauf!

Außer der Korrektur ist auch die Manipulation der Bildinhalte für den Könner ein Kinderspiel (Bild: Agfa).

Bildmanipulationen und Fotoillustrationen

Manipulation der Bildinhalte

In vielen Fällen werden Bildmanipulationen gezielt und angemessen vorgenommen, vor allem in der Werbung. Manipulationen an Bilddokumenten, die anschließend als authentisch ausgewiesen werden, untergraben sowohl den Anspruch der Dokumentarfotografie als auch die Glaubwürdigkeit des Fotografen und der betreffenden Publikation.

Neuscannen und Einstellen der Belichtung

Ein zweiter Scan und die folgende Untersuchung des Histogramms zeigen, wie wichtig die richtige Belichtung beim Scannen ist. Die Tonkurven-Funktion der Scannersoftware wird verwendet, um die Lichter abzudunkeln, während die Mitteltöne und Dreivierteltöne aufgehellt werden. Solche Gammakorrekturen werden am besten beim Scannen vorgenommen, um einen größtmöglichen Bereich von Lichter-und Schattenwerten zu erfassen. Danach haben abschließende Korrekturen mit Kurven-, Schwellwert- oder Nachbelichtungs- und Abwedelwerkzeugen eine größere Wirkung. Beachten Sie vor allem die jetzt erkennbaren Details im Hemd des Mannes.

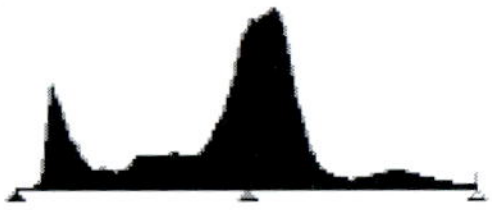

Histogramm:
Der Tonwertumfang ist breiter, und die Lichter werden nicht mehr abgeschnitten. Die Mitteltonwerte sind entlang der Skalenmitte konzentriert.

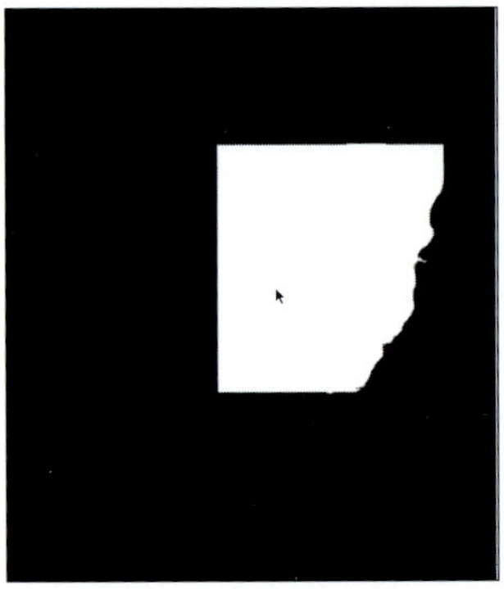

Masken erlauben eine abgestufte Bearbeitung nicht.

Photoshop arbeitet mit Ebenen, die übereinandergelegt werden können wie Folien auf einem Overhead-Projektor. Modifizieren können Sie ein Bildelement auf allen Ebenen außer der Hintergrundebene.

Masken

Zum Schluß unseres Rundgangs, werfen wir einen Blick auf Masken und Ebenen.

Unter Masken versteht man eine virtuelle Schablone, die ähnlich einer Auswahl das Bild abdeckt und eine Bildbearbeitung nur an den freiliegenden Stellen erlaubt.

Anders als bei der Auswahl kann aber der Grad, in dem das ursprüngliche Bild der Bearbeitung offensteht, beeinflußt werden. Die Abdeckung kann 100%ig sein, damit ist das Bild geschützt. Sie kann aber auch nur 20% deckend sein, dann wird das Bild mit 80%iger Wirksamkeit der verwendeten Befehle oder Werkzeuge verändert. Dadurch können Sie beispielsweise einfach Überblendungen herstellen, Verläufe schaffen und vieles mehr.

Die Masken erstellen Sie im Maskierungsmodus mit den normalen Werkzeugen und Befehlen, was Ihnen eine Menge an Maskerade erlaubt.

Ebenen

Die Arbeit auf verschiedenen Ebenen ist nicht in jedem Bildbearbeitungsprogramm möglich.

Sie erlaubt es, Bildveränderungen vorzunehmen, ohne das zugrundeliegende Bild bei jedem Bearbeitungsschritt zu verändern, da ein überschriebener Bildpunkt ein für alle Mal verloren ist.

Darüber hinaus ermöglichen verschiedenene Ebenen die Montage verschiedener Bildelemente.

Bei der Montage werden die Bildwerte verschiedener Bilddateien miteinander verknüpft. Die dazu notwendigen Befehle finden Sie im Photoshop in dem Menü **Ebenen,** in anderen Programmen sind Sie unter dem Befehl *Berechnen* zusammengefaßt. Sie können die Farbwerte der übereinanderliegenden Schichten addieren, substrahieren, angleichen, mulitplizieren, negativ multiplizieren, dem helleren oder dunkleren Bildpunkt den Vorzug geben.

Zusätzlich haben Sie dann noch die Möglichkeit, die ausgewählten Werte jedes Bildes durch Masken zu modifizieren.

Dieser Spaziergang kann Sie nicht mit allen Möglichkeiten der digitalen Bildbearbeitung vertraut machen. Er möchte Ihnen jedoch Bearbeitungsschritte aufzeigen und Ihre Neugier wecken. Dem digitalen Bild stehen Bearbeitungsmöglichkeiten offen, für die Sie wie ein Zaubermeister ein dickes Buch benötigen, um sie in ihrer ganzen Breite zu erfassen, und viel Übung, um sie zu beherrschen.

Mit Ebenen werden Bilder übereinander montiert, ohne die darunterliegende Bildinformation zu verlieren.

Bildausgabe

20. Vom virtuellen zum realen Bild

Bei der Bildausgabe wird die Bildinformation, die für den CCD-Sensor und Monitor immer als ausgestrahltes Licht (RGB) behandelt wurde, wieder in reflektiertes Licht (CMYK) umgesetzt. Damit schließt sich der Kreis von der Objektreflexion über die leuchtenden LCD- oder Monitorbildschirmpunkte zur Reflexion des einfallenden Lichtes durch die Druckpunkte.

Darstellung des virtuellen Bildes

Die Darstellung eines vorübergehenden Bildes auf einem Bildschirm wurde schon bei der Bildbearbeitung gestreift.

Abgesehen von dem spitzfindigen Einwand, das virtuelle Bild sei ein Bild nur der Möglichkeit nach und damit nicht wirklich, unterliegt die Darstellung am Bildschirm in erster Linie dem vorgegebenen Raster der ansteuerbaren Bildpunkte. Dieses Netz oder Schachbrett ist, außer bei Mehrfrequenzmonitoren, durch die Techniken der Bildpunkttrennung mittels einer Loch- oder Streifenmaske festgelegt. Alle Bildpunkte werden, unabhängig von ihrer wirklichen Beschreibung in der Auflösung der Bilddatei, gleich wiedergegeben.

Eine Vergrößerung der dargestellten Datei am Bildschirm bleibt ohne Folgen. Ganz anders ist es bei der Dateiausgabe.

Der Bildschirm-Zoom, der es erlaubt, Details genauer zu betrachten, führt nicht zu einer veränderten Bildpunktdarstellung, sondern macht aus einem originären Bildpunkt Quadrate mit der mehrfachen Kantenlänge des eigentlichen Bildpunktes. Bei einer Darstellung von 200% beispielsweise wird ein Bildpunkt der Bilddatei durch vier Punkte (2 x 2) der Monitorfläche wiedergegeben. Genausowenig, wie eine Lupe die darunterliegende Schrift verändert, werden hierbei Bildpunkte wirklich verändert.

Die eigentlich voneinander geschiedenen Bildpunkte am Monitor verschmelzen für das menschliche Auge mehr miteinander als Punkte auf dem

Papier, da die von einem leuchtenden Bildpunkt ausgehenden Lichtstrahlen deutlich streuen und sich so die Punkte leicht überlagern.

Wiedergabe des realen Bildes

Die Energie des vom Papier reflektierten Lichtes ist weitaus geringer, die Überlagerung schwächer. Das Auge kann daher hinter den Bildpunkten immer noch das Papier erkennen, außer, wenn die Bildpunkte sehr nahe beeinander liegen. Eine Auflösung von 72–90 dpi, die bei Monitoren völlig ausreichend ist, würde auf Papier deutlich voneinander verschiedene und damit gut sichtbare Rasterpunkte erzeugen. Mit 14–18 l/cm wäre ein daraus aufgebautes Bild wesentlich gröber als ein 30 l/cm Zeitungsraster.

Die meisten Ausgabegeräte müssen zudem die Helligkeitsabstufungen aus den zur Verfügung stehenden schwarzen Punkten zusammensetzen. Dadurch werden zusätzlich besondere Anforderungen an die feine Verteilung der Bildpunkte gestellt.

Die Darstellung von Helligkeitsabstufungen durch verschiedene Dichtemengen von Druckpunk-

Notwendige Ausgangsauflösung	**Qualität**	**Rasterweite**	**Darstellbare Graustufen bei Ausgangsauflösung von**			
			300 dpi	600 dpi	1200 dpi	3000 dpi
86 dpi	Zeitungsdruck-Qualität	24 l/cm	9	35	156	256
143 dpi		40 l/cm	24	97	256	256
215 dpi	Offset-Qualität	60 l/cm	4	16	69	256
250 dpi		70 l/cm	3	11	51	217
430 dpi	Fotodruck-Qualität	120 l/cm	1	4	17	97

ten auf dem Papier kann auf verschiedene Arten erfolgen.

Generell wird zwischen Punktraster (statisches Raster, Pattern Dithering) und Streuraster (dynamisches Raster, Diffusion Dithering) unterschieden.

Punktraster

Das Autotypie-Raster stellt große und kleine Druckpunkte nebeneinander. Digitale Raster variieren die Wirkung gleicher Darstellungspunkte.

Beim Punktraster sorgen gleichbleibende Bildpunktflächen mit immer gleicher, nur nach Helligkeitsstufe unterschiedlicher Hell-Dunkelverteilung für die Illusion verschiedener Grauwerte.

Der Tonwertumfang der darstellbaren Helligkeitswerte ist davon abhängig, wieviele Darstellungspunkte in einem Bildpunkt enthalten sind. Daher wird die Abstufung immer feiner, je mehr Darstellungspunkte beieinander liegen. Je mehr Darstellungspunkte in einem Bildpunkt enthalten sein können, ohne daß der Bildpunkt dadurch zu groß und damit einzeln erkennbar würde, bestimmt die Qualität des Druckes (siehe Kasten).

Die Ausgabe von unterschiedlichen Helligkeitswerten hängt von der physikalischen Auflösung des Ausgabegerätes, der Anordnung der Darstellungspunkte auf dem Papier und der gewünschten Helligkeitsdifferenzierung in Graustufen ab.

Beim herkömmlichen Raster ist der Abstand der Bildpunkte gleich, die einzelnen Bildpunkte sind mit unterschiedlich großen Druckpunkten gefüllt. Beim

Schematische Darstellung der Umsetzung von Graustufen in einen Rasterpunkt. Die Angabe von 16 Graustufen ist nur dann abolut korrekt, wenn Weiß als mögliche Graustufe nicht mitgezählt wird. Korrekterweise müßte also von 17 Graustufen ausgegangen werden, die in der 4x4 Rasterpunkte-Matrix darstellbar sind.

Dither Processing

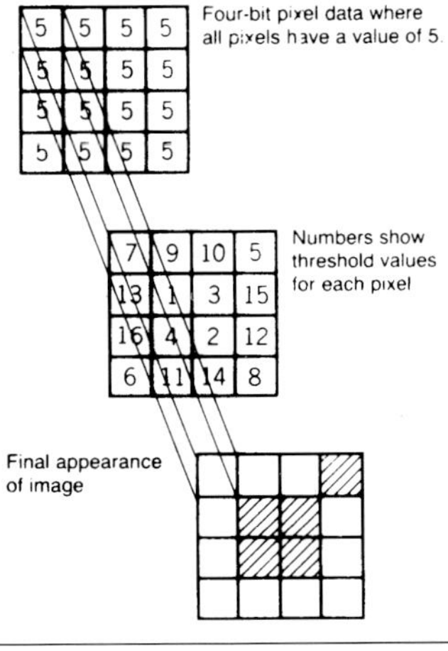

Example of Gray Scale Shading

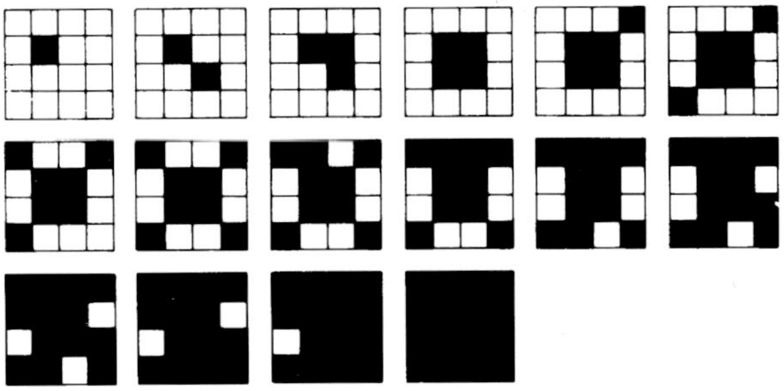

A 4 × 4 halftone matrix producing 16 levels of gray

digitalen Raster entstehen die verschieden großen Druckpunkte durch eine variable Anzahl von Darstellungspunkten.

Die Variation der Hell-Dunkelverteilung innerhalb der Bildpunkte ist für jeden Bildpunkt gleicher Helligkeit gleich und folgt einer geometrischen Grundstruktur.

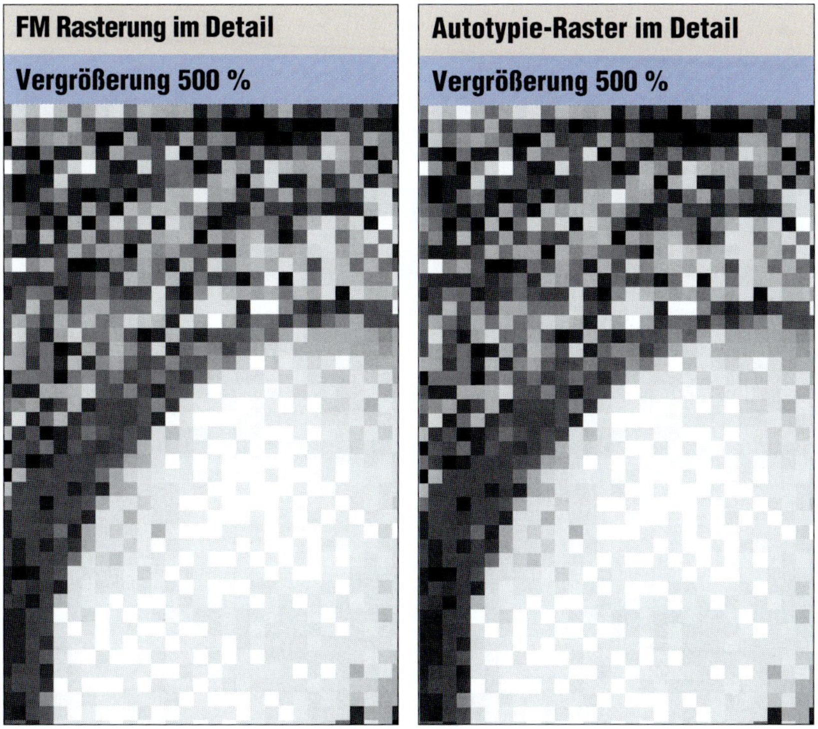

Es gibt statische und dynamische Raster, die zu unterschiedlichen Ausgabeergebnissen führen (Bild: Agfa).

Dadurch wirkt das Raster besonders bei niedrigen Rastergraden künstlich und bietet außer der leichten Handhabung keine Vorteile gegenüber dem normalen Druckraster.

Streuraster

Beim Streuraster oder Diffusion Dithering werden die dunklen Darstellungspunkte nicht statisch geometrisch auf die Bildpunkte verteilt, sondern nach einem Zufallsprinzip gestreut. Die Bildpunkte erscheinen dadurch weniger deutlich und weniger künstlich als bei der Punktrasterung. Da keine statisch gleichmäßig verteilten Darstellungspunktmengen entstehen, wirken die Grautöne gleichmäßiger.

Die Rasterqualität ist von Programm zu Programm verschieden.

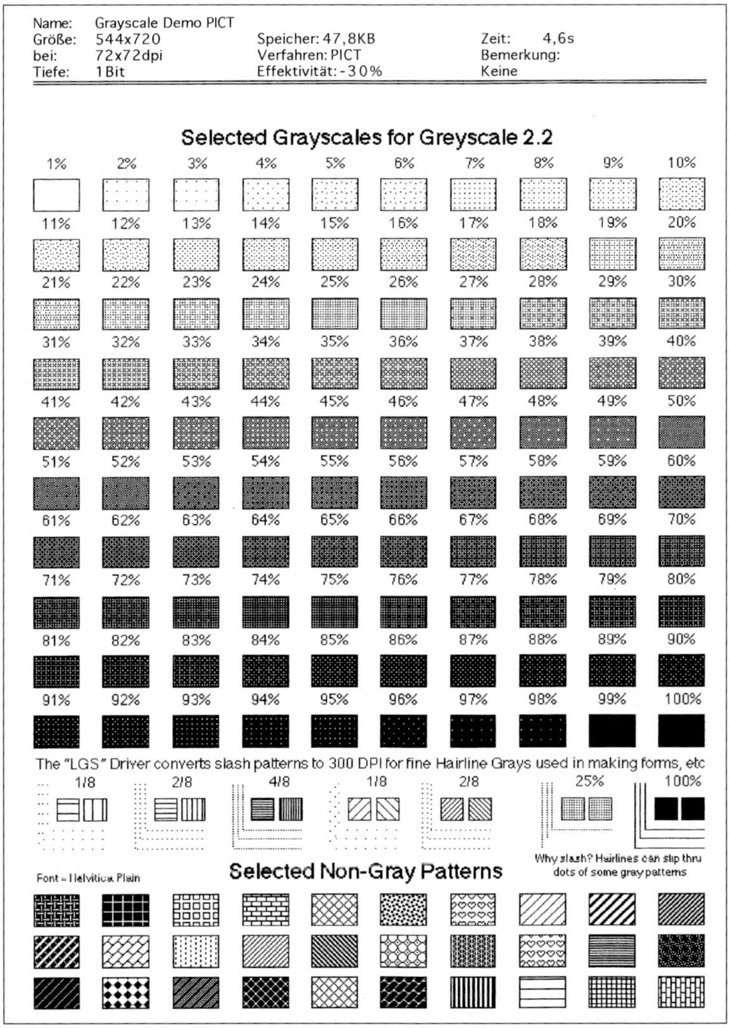

Raster

Erst das Zusammenwirken von unterschiedlich vielen oder unterschiedlich großen Druckpunkten erlaubt die Wiedergabe von Helligkeitsabstufungen.
Je nach Verwendungszweck sind größere oder feinere Abstufungen notwendig.
Generell wird zwischen Punktraster (Pattern Dithering) und Streuraster (Diffusion Dithering) unterschieden.

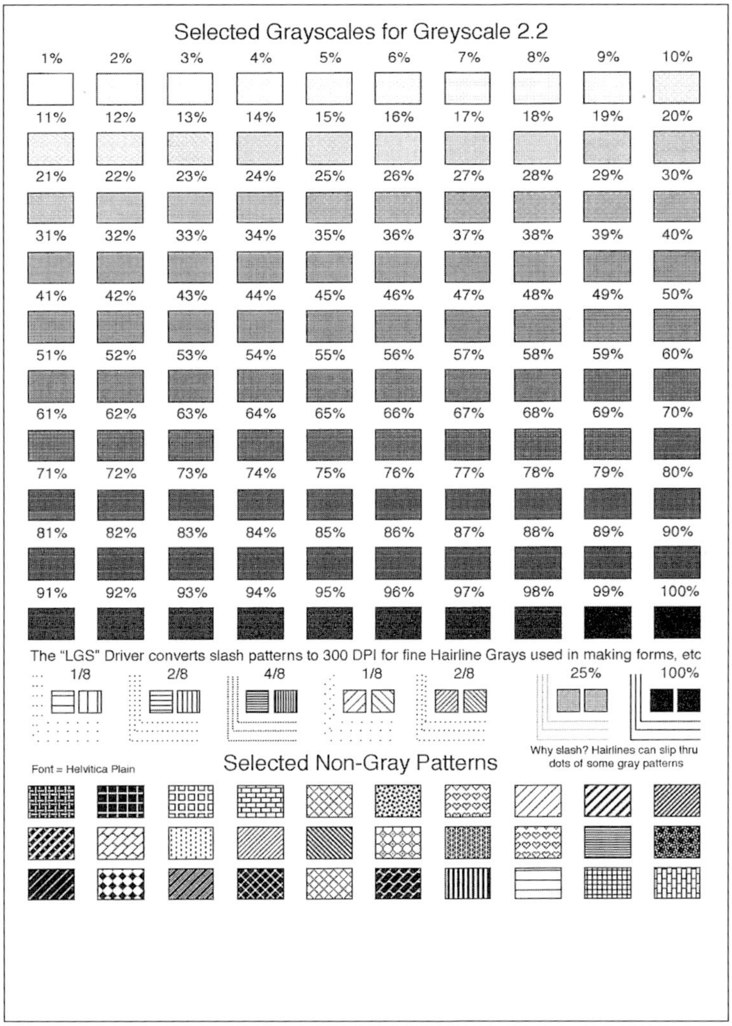

Die Auflösung hängt von mehreren Faktoren ab:

- dem Ausgabegerät und seiner physikalischen Auflösung,
- der verwendeten Papierqualität,
- der gewünschten Helligkeitsabstufung und
- der Anordnung der einzelnen Darstellungspunkte auf dem Papier.

Für die Ausgabe gibt es verschiedene Richtwerte des Rasterabstandes.

Auch zwischen einzelnen Programmen gibt es große Unterschiede.

21. Druckverfahren

Zur Ausgabe der digitalen Bilder wird wie beim herkömmlichen Bild ein Trägermaterial verwendet, in der Regel Papier in verschiedenen Qualitäten.

Bilder, die auf Papier ausgegeben werden, erleichtern die Handhabung. Sie sind transportabel und benötigen kein weiteres Ausgabegerät, sind also überall ohne Stromanschluß verfügbar. Für manche Zwecke ist auch das Ambiente eines Computer-Arbeitsplatzes störend oder wirkt nur für Computerfans anziehend. Bei Aufnahmen für Dokumentationszwecke wie Ausweise oder Zugangsberechtigungen ist eine Realisierung der Bilddatei im Paßbild unerläßlich.

Auch für Kataloge, die einen schnellen Überblick und eine zügige Auswahl erlauben sollen, ist das langwierige Blättern in einem digitalen Bildarchiv zu mühsam und dem Zweck gegenlaufend, zusätzliche Kaufreize durch zufällig aufgeschlagene Bilder zu erzeugen.

Zur Archivierung der digitalen Bilddateien war bis vor kurzem eine Ausbelichtung auf ein Diapositiv noch eine sinnvolle Alternative gegenüber teuren Massenspeichern. Dies hat sich durch den Preisverfall der Speichermedien mittlerweile verändert.

Zum Ausdruck stehen verschiedene Ausgabegeräte zur Verfügung:

- Die einzelnen Druckverfahren des Flachdrucks, heute überwiegend Offset-Druckverfahren, des Tiefdrucks für hohe Auflagen wie Kataloge und des Hochdrucks, der für die Bildwiedergabe nur bei besonderen Aufgaben verwendet wird.
- Die Geräte zur Filmherstellung, die für die Druckverfahren benötigt werden, wie Belichter und Halbtonfilmrecorder.
- Die Arbeitsmittel der Computerperipherie, die dem Einzelnen die Ausgabe der Bilddatei ermöglichen und auf die deshalb der Schwerpunkt der Darstellung gelegt wird.

Auflagendruck

Offset-Verfahren

Die klassische Wiedergabe über den Druck auf einer Vierfarb-Offset-Maschine kommt nur in bestimmten Fällen in Frage. Sie ist technisch aufwendig und nur bei größeren Druckauflagen wirtschaftlich sinnvoll. Daher wird hier nur das Wesentliche gestreift.

Für den Vierfarbdruck werden vier Farbauszüge in den Druckfarben **c**yan, **m**agenta, **y**ellow (gelb) und **k**ey (schwarz) benötigt. Dazu müssen die Werte der Bilddatei, die in der Regel im RGB-Modus erfaßt und bearbeitet werden, in die Werte des CMYK-Systems umgerechnet werden. Bei der Separation werden vier einzelne Bilddateien mit den Helligkeitswerten des CMYK-Farbmodells erzeugt, die einzeln ausgegeben werden können.

Die Umrechnung verändert die ursprünglichen Bildwerte außer dem veränderten Bezugssystem in zweifacher Hinsicht.

Gleiche Farbanteile von cyan, magenta und gelb werden durch einen entsprechenden Anteil schwarz ersetzt. Dies wird als Unbuntaufbau (GCR, **G**rey **C**omponent **R**eplacement) bezeichnet, wenn die gleichen Farbanteile unabhängig vom absoluten Farbanteil der Druckfarben CMY durch schwarz ersetzt werden.

Werden nur die Grauwerte ersetzt, die genau gleiche Anteile von CMY aufweisen, spricht man von Unterfarbentfernung (UCR, **U**nder **C**olour **R**emoval).

Der Wechsel des Farbsystems bewirkt als zweites ein anderes Spektrum darstellbarer Farben. Unerwünschte Farbverschiebungen können die Folge sein. Farbmanagementsysteme wie beispielsweise Agfa FotoTune wirken korrigierend und ausgleichend oder warnen vor Farben, die aus der Monitordarstellung nicht in Druckfarben umgesetzt werden können. Einige Bildbearbeitungsprogramme verfügen auch bereits selbst über eigene Farbmanagementsysteme.

Cyan

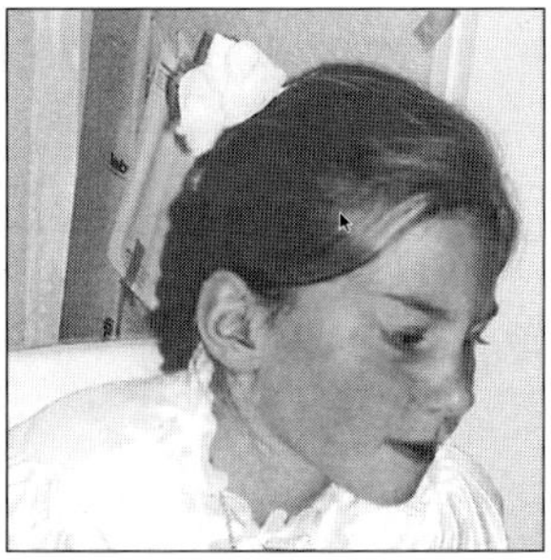

Magenta

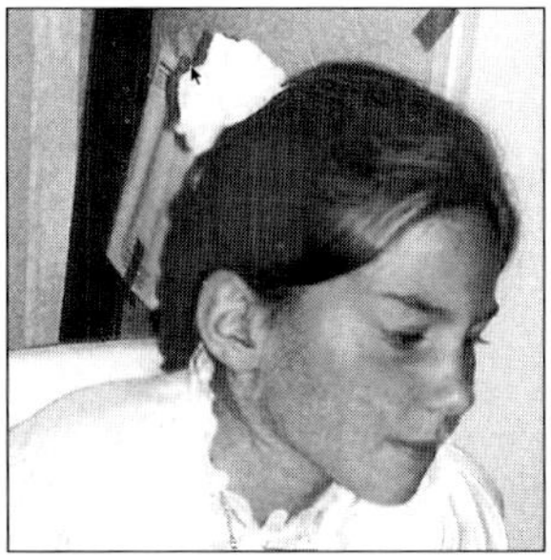

Yellow

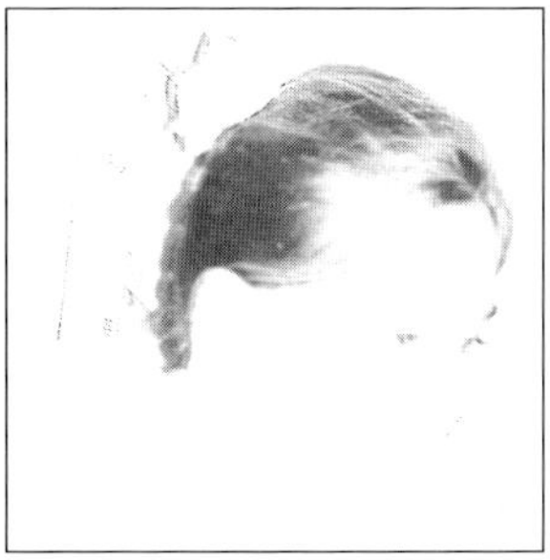

Black

Im Druck ist daher unbedingt eine Kontrolle zwischen Bilddatei-Ausgabe und gedrucktem Erscheinungsbild notwendig, der Proof. Der Proof ist zeitraubend und kostspielig. Als Alternative bieten sich Digitalproofs und Analogproofs an, die zwar kostengünstiger, aber weniger zuverlässig sind als der Andruck auf der Druckmaschine.

Herstellung von Druckfilmen

Bei Geräten, die zur Herstellung von Druckfilmen für die verschiedenen Druckverfahren benutzt werden, werden die Daten der Bilddatei mit einem Laserstrahl auf den Film übertragen. Die Übertragung erfolgt getrennt auf je einen Film für den Cyan-, Magenta-, Gelb- und Schwarzdruck. Auf hochauflösenden Belichtern mit maximal 5000 dpi (197 l/cm) können auch Diapositive belichtet werden.

Halbtonfilmrecorder sind die kleineren Ausgaben der Belichter. Sie sind auf Formate bis 8 x 10″ beschränkt. Damit entsprechen Belichter und Filmrecorder auf der Ausgabeseite dem Flachbettscanner und Kleinbildscanner auf der Eingabeseite.

Einzeldruck

Bei den Geräten in der Computerperipherie sind Nadeldrucker, Tintenstrahldrucker, Laserdrucker, Autochromdrucker, Thermotransfer- und Thermosublimationsdrucker zu differenzieren.

Die Geräte unterscheiden sich in der Technik, mit der die Bildpunkte auf das Papier gebracht werden. Ausdruckbare Bildgröße und Auflösungsvermögen sind bei der Auswahl wichtige Kriterien.

Nadeldrucker

Beim Nadeldrucker werden durch eine Reihe von 9–24 Nadeln die Bildpunkte durch ein Farbband zeilenweise auf das Papier gebracht. Durch die relativ grobe Wiedergabequalität infolge der großen Punkte und die Streifigkeit ist ihr Einsatz bei der Bildausgabe nicht sinnvoll.

Tintenstrahldrucker

Tintenstrahldrucker sind heute die am weitesten verbreiteten Druckgeräte im semi-professionellen Bereich. Mit einem speziellen Photo-Kit, das heute bei den meisten Geräten mitgeliefert wird, lassen sich brauchbare Bilder ausgeben, besonders wenn ein spezielles Fotodruckpapier verwendet wird.

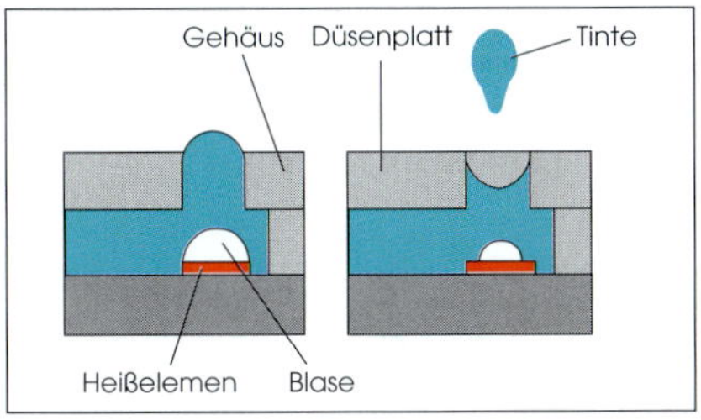

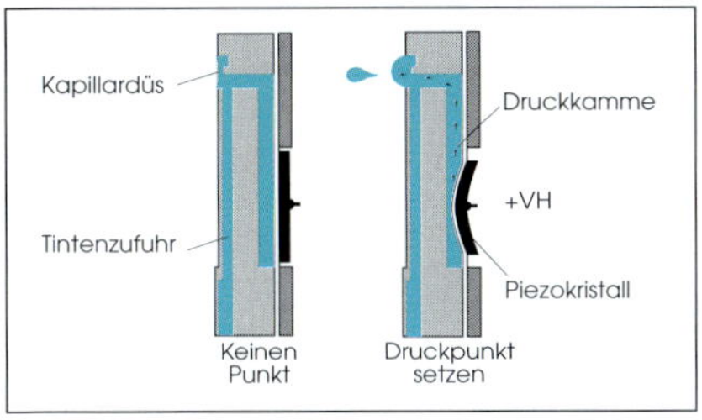

Beim Tintenstrahldrucker wird die Tinte durch eine Düse auf das Papier gespritzt (Bild: Computer Foto).

Man unterscheidet Bubble-Jet-Verfahren und piezoelektrische Techniken.

Beim **Bubble-Jet-Verfahren** fließt die Tinte in eine Reihe kleiner Kammern mit einem winzigen Austritt ein. Durch Erhitzung innerhalb der Kammer entsteht ein Überdruck, so daß eine winzige Tintenblase durch den engen Auslaß spritzt und einen Darstellungspunkt erzeugt.

Für die Fotodarstellung werden die Farbtöne in mehreren Durchgängen zeilenweise übereinandergesetzt. Wird eine spezielle dünnflüssige Tinte verwendet, lassen sich bis zu 40 verschiedene Mischungen und Farbabstufungen auf Spezialpapier darstellen.

Das entpricht 566 dots/cm und damit beispielsweise bei 16 Graustufen 71 l/cm.

Beim **piezoelektrischen Verfahren** wird der Druck in der Farbkammer nicht thermisch durch Hitze, sondern durch die Ausdehnung eines Piezokristalls erzeugt. Die bessere Steuerbarkeit erlaubt hohe Auflösungen bis zu 1440 dpi.

Die Vorteile der Tintenstrahldrucker

- Die Geräte sind preisgünstig (DM 400.- bis 1000.-).
- Sie zeichnen sich durch eine hohe Zuverlässigkeit und geringe Wartungskosten aus.
- Sie sind flexibel anwendbar und auch für andere Zwecke, beispielsweise, Textausgabe einsetzbar.
- Sie sind einfach zu handhaben.

Der MACup-Proof, ausgegeben auf einem BubbleJet-Drucker mit Photo-Kit.

Der MACup-Proof, ausgegeben auf einem Thermotransferdrucker nach dem »MicroDry«-Verfahren.

Der MACup-Proof, ausgegeben auf einem professionellen Thermosublimationsdrucker.

Der MACup-Proof, ausgegeben auf einem Piezo-Tintendrucker mit 720 dpi.

Der MACup-Proof, ausgegeben auf einem Farblaserdrucker mit 1200 dpi.

Verschiedene Druckverfahren im Vergleich (Bild: MACUP).

Die Nachteile der Tintenstrahldrucker

- Die Ausgabe ist, bei hoher Qualität, langsam.
- Die Tinte ist wasserlöslich.
- Der Tintenverbrauch ist bei großen Formaten hoch.
- Teure Spezialpapiere sind notwendig.

Laserdrucker

Laserdrucker erzeugen mithilfe eines Laserstrahls eine elektrostatische Aufladung auf einer Trommel. Auf die aufgeladenen Punkte der Walze wird aus einem Farbbehälter Farbpulver (Toner) gezogen. Von der Walze springen die Farbpunkte auf das Papier und werden durch Druck und Hitze dauerhaft auf das Papier gebannt. Farblaserdrucker sind augenblicklich noch sehr teuer. Sie kommen daher fast ausschließlich im professionellen Bereich zum Einsatz.

Die Vorteile der Laserdrucker

- Sie sind durch hohe Druckgeschwindigkeit gekennzeichnet.
- Die Wiedergabe erfolgt mit hoher Genauigkeit (20 bis 41 l/cm).
- Die Qualität des Ausdrucks ist gut.
- Die anfallenden Druckkosten sind gering.
- Die schnelle Wiedergabe ermöglicht es, kleinere Serien des gleichen Bildes zu drucken.

Die Nachteile der Laserdrucker

- Der Anschaffungspreis ist hoch.
- Eine Überlagerung von Darstellungspunkten ist nicht möglich.

Autochrom-Verfahren

Beim Autochrom-Verfahren wird die Farbe nicht auf das Papier gebracht, sondern sie ist in einem Spezialpapier bereits enthalten. Der enthaltene Farbkeim wird durch Einwirkung von außen (Laserstrahl oder eine andere Form der Erhitzung) aktiviert und chemisch verändert. Dadurch entwickelt sich die Farbe wie in einem Polaroidfilm »von selbst«. Wie bei jedem Film sind drei Schichten notwendig, die einzeln aktiviert werden.

Die Vorteile des Autochrom-Verfahrens

- Die Geräte sind einfach zu bedienen.
- Punktraster oder Streuraster sind nicht notwendig.
- Die erforderlichen Materialien sind auf das Papier begrenzt.
- Der Preis pro Druck ist tragbar (DM 1,40 bis 2,80/Seite).

Die Nachteile des Autochrom-Verfahrens

- Die Größe des Bildes ist an fixe Papierformate (oft nur kleine) gebunden.
- Das Verfahren ist auf die Bildwiedergabe begrenzt. Bei Schrift- oder Strichwiedergabe zeigt es deutliche Mängel.

Thermotransfer-Verfahren

Das Thermotransfer-Verfahren wird auch Thermowachsdruck genannt. Bei dieser Technik wird eine in Wachs einbettete Farbe auf das Papier aufgetragen und festgeschmolzen. Dazu sind für jedes Bild neue Wachsfarbfolien notwendig, da die benutzten Darstellungspunkte bei einer Wiederverwendung fehlen würden. Für jedes Bild sind vier Durchgänge mit vier Farbfolien (CMYK) nötig.

Die Vorteile des Thermotransfer-Verfahrens

- Die Wiedergabequalität ist relativ hoch (23 l/cm).

Die Nachteile des Thermotransfer-Verfahrens

- Der Anschaffungspreis liegt hoch.
- Die Seitenkosten sind, unabhängig von dem benutzten Seitenanteil, immer gleich hoch (DM 2,80/Seite).
- Eine Rasterung des Bildes ist notwendig.

Thermosublimations-Verfahren

Beim Thermosublimations-Verfahren wird die Farbe, die wie bei Thermotransfer-Verfahren in Wachsfolien eingebettet ist, bis zum Verdampfen erhitzt; sie dringt tief in das Papier ein. Durch Überlagerung sind Farbmischungen und bis zu 256 Abstufungen der Helligkeit möglich, die nicht gerastert sind. Das

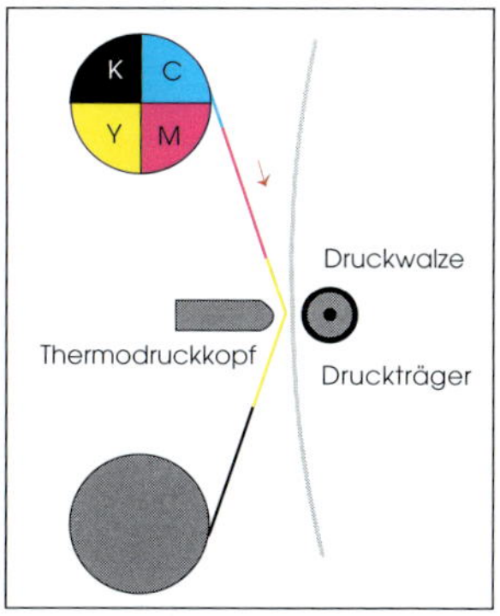

Bei Thermosublimations- und Thermotransfer-Verfahren wird Farbe von einer Wachsfolie auf das Papier übertragen (Bild: ComputerFoto).

Thermosublimations-Verfahren wird vor allem im professionellen Bereich benutzt und eignet sich durch die genaue Farbwiedergabe auch für digitale Proofs.

Die Vorteile des Thermosublimations-Verfahrens

- Die hohe Wiedergabequalität erfolgt ohne Raster.
- Die Farbgenauigkeit ist sehr gut

Die Nachteile des Thermosublimations-Verfahrens

- Die Darstellungspunkte verlaufen, wodurch sich die Technik für Schrift nur eingeschränkt eignet.
- Die Folien und das notwendige Spezialpapier führen zu hohen festen Kosten.

Richtige Auflösung

Um die beste Auflösung zu bestimmen, sind mehrere Parameter zu berücksichtigen:

- Welche Größe hat das Motiv oder Objekt?
- Welche optischen und technischen Eigenschaften hat das Aufnahmegerät?
- Mit welchem Medium wird das Bild wiedergegeben oder ausgegeben?
- Wie groß soll das Bild angezeigt werden?
- Falls das Bild gedruckt werden soll, welche technischen Vorgaben sind durch das Druckverfahren und das Ausgabegerät gegeben?
- Welches Raster soll zum Einsatz kommen?
- Welche Farbtiefe soll beim Ausdruck verwendet werden?

Alle diese Überlegungen gehen in die Bestimmung der richtigen Auflösung ein.
Es ist wichtig zu erkennen, daß Vergrößerungen und Verkleinerung keine Qualitätsverbesserungen bringen können. Das Bild sollte daher zur Ausgabe gleich in der richtigen Auflösung erfaßt werden. Gebräuchliche Leitlinien bei der Bestimmung der Auflösung sind:

$$\text{maximale Druckgröße des Bildes in inch} = \frac{\text{Bildgröße (Pixel x Pixel)}}{\text{ppi des Druckers}}$$

(Bei Scans eines herkömmlichen Fotos ist die Auflösung folgendermaßen zu wählen:

$$\text{Auflösung} = \frac{\text{Größe des Bildes (cm x cm)}}{\text{Druckgröße (cm x cm x ppi des Druckers)}}$$

Bei der Bestimmung der Auflösung für die Bildausgabe sind folgende Grundregeln zu beachten:

- Die Bildauflösung sollte höher sein als die Druckauflösung. Der Faktor 1,4 gilt für die meisten Fälle als der günstigste.
- Eine Erhöhung der Bildauflösung bringt keine Qualitätsverbesserung. Wird die Bildauflösung mehr als verdoppelt, werden die Minderungen immer deutlicher und führen zu Ungenauigkeiten beim Druck.

Die Notwendigkeit, die Auflösung der Bilddatei höher zu wählen als die des auszugebenden Bildes ist technisch bedingt. Ideal wäre normalerweise eine 1:1 Umsetzung jedes Bildpunktes.

22. Kosten von Bildausgabe-Geräten

Ist die elektronische Aufnahme vielleicht nicht billig, so ist die Bildausgabe schlichtweg teuer. Neben Anschaffungskosten von DM 500.- bis DM 3000.- für ein Ausgabegerät, das für andere Zwecke nicht oder nicht optimal genutzt werden kann, sind auch die Kosten je Ausdruck immens.

Eine Ausnahme bilden die Tintenstrahldrucker, die bei brauchbarer Wiedergabequalität, universeller Nutzbarkeit auch mit moderaten Preisen pro Seite aufwarten (siehe Kasten). Zudem fallen nur die Kosten beim Ausdruck an, die für den Bildausdruck auch benötigt werden, ein halb so großer Ausdruck kostet auch nur die Hälfte. Außer für besondere Zwecke der Bildausgabe sind daher sie das Mittel der Wahl.

Kosten verschiedener Ausgabegeräte

	Kaufpreis (DM)	*Auflösung (dpi)*	*Bildformat A4*	*Kosten/Seite (DM)*
Tintenstrahl-drucker				
❑ Bubble Jet	700.-	360–720	A4	2–3.-
❑ Piezo-Technik	1000.-	720	A4	2–3.-
Laserdrucker	10000.-	300–1200	A4	2–3.-
Autochrom-Verfahren	ca. 1000.- 10000.-	144–158 300	13 x 10 A4	 3.-
Thermotransfer-Verfahren	ca. 1000.-	600	A4	1–3.-
Thermosublimations-Verfahren	ca. 3000.- bis 10000.-	148 300	10 x 15 A4	6–10.-

R7
SUMMICRON-R 1:2/50
LEICA

23. Die Palette verfügbarer digitaler Kameras

23. Die Palette verfügbarer digitaler Kameras

Noch ist es erst Zukunftsmusik, daß in der Welt von morgen die elektronische Bilderfassung sich durchgesetzt haben wird. Die vielen Möglichkeiten und der Glauben der Hersteller und der ersten Benutzer an die Zunkunft der digitalen Fotografie haben aber in den letzten Jahren eine breite Produktpalette digitaler Kameras auf dem Markt erscheinen lassen, die die Wahl schwer macht.

Im folgenden Teil finden Sie die aktuell verfügbaren Kameras für den professionellen, semiprofessionellen und amateurhaften Gebrauch mit allen wichtigen Kenngrößen aufgelistet.

Der rasche Wandel macht ein Buch, das gründlich vorbereitet und bearbeitet sein will, unfähig, schnell neue Produkte zu erfassen. Eine aktuelle Marktübersicht können Sie aber zumindest für die Kompaktkameras jederzeit im Internet unter der Adresse http://www.digitalkamera.de abrufen.

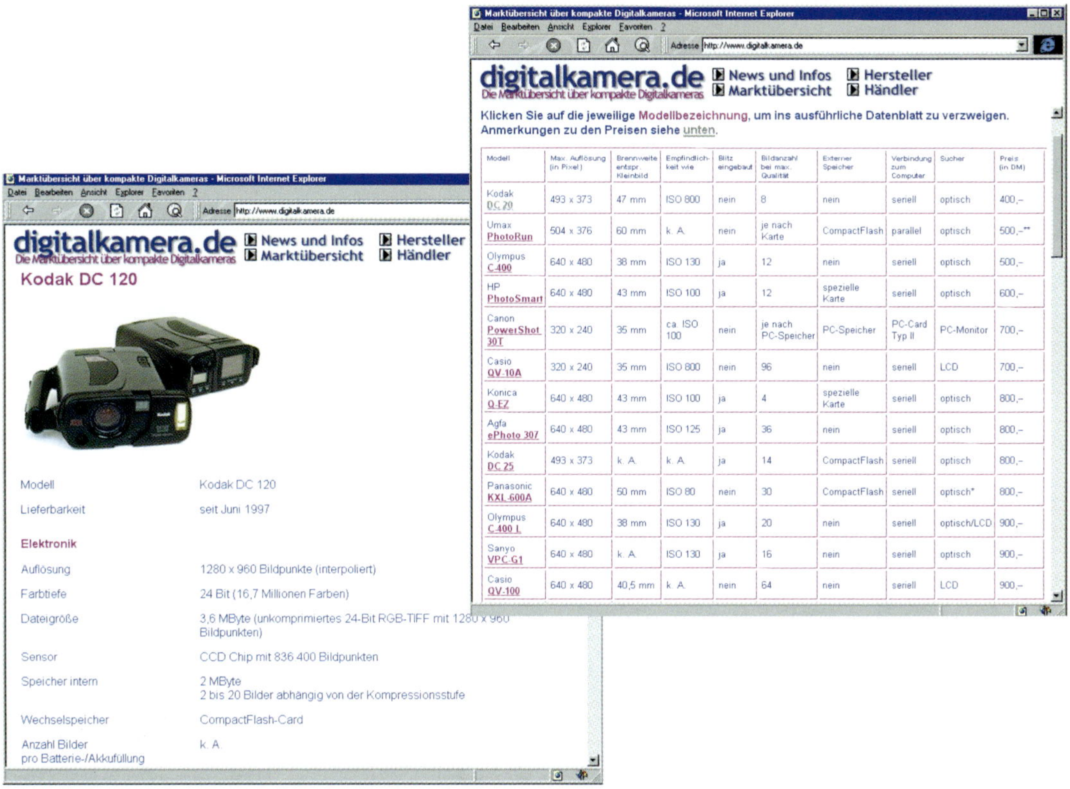

Dort finden Sie auch detaillierte und immer gleich aufgebaute Datenblätter mit Abbildungen der Kameras und Sie können Original-Testbilder herunterladen, die mit den verschiedenen Kameratypen aufgenommen wurden.

Die Seiten mit den Herstelleradressen enthalten die aktuellen Hotline-Telefonnummern, und im Bezugsquellennachweis sind die Adressen von Händlern in Deutschland aufgelistet.

Auf der Startseite stellt MediaNord, der Betreiber der Website, neue Kameras vor und weist auf Preissenkungen oder Änderungen im Lieferumfang einzelner Kameras hin. Für die Zukunft sind u. a. ein Diskussionsforum und eine Gebrauchtkamera-Börse geplant.

Kamera	Agfa ePhoto 307	Apple Quicktake 200	Canon Powershot 30T
Modell	Kompaktkamera	Kompaktkamera	Kompaktkamera
Aufnahmeverfahren			
Abmessung der CCD Einheit	k.A.	k.A.	1/4"
physikalische Auflösung	307.000	640x480	270.000
optische Auflösung	640x480	640x480	320x240
Farberfassung	Oneshot	Oneshot	Oneshot
Lichtempfindlichkeit ISO	125	100	100
Farbtiefe	24Bit	24Bit	24/16/8Bit
Aufnahmedauer	k.A.	k.A.	k.A.
Optische System			
Brennweite	43mm	38 mm	35mm
minimaler Aufnahme-abstand normal/Makro	60cm/–	45cm/9cm	8cm/8cm
Wechselobjektive	nein	nein	nein
Blende/Verschluß			
Blende	k.A.	8	2,8-8
Belichtungszeiten	1/8-1/10000	1/4-1/5000	bis 1/500
Belichtungskorrektur	nein	nein	ja
Sucher	optisch	optisch/LCD-Monitor	PC-Monitor
Speicherung			
Onlinekontrolle am Monitor	nein	nein	ja
Bilddateigrößen [kB]	900kB	900kB	225kB
Kompressions-verfahren	JPEG	JPEG	TIFF
interner Speicher Aufnahmen	2MB (36/72)	–	Festplatte des PCs
Wechselspeicher Typ	nein	SSFD Speicherkarte 2MB	-
Schnittstellen	seriell	seriell	PC Card (ATA II)
Stromversorgung			Stromversorgung PC
Batterien	4x AA 1,5V	4xAA 1,5V	
Netzteil	optional	optional	nein
Hardware			
PC	ja	ja	ja
Macintosh	ja	ja	nein
Sonderzubehör			
Hersteller	Agfa Deutschland Postfach 100142 50441 Köln	Apple Computer Gutenbergstr.1 85737 München	Canon Deutschland GmbH Europapark Fichtenhain 110 47807 Krefeld
Hotline	0221-5717373	0130-7978	02151-349355
Internet	http://www.agfa.de	http://www.apple.de	http://www.canon.de
Preis	800,-	1500,-	700,-

Canon Powershot 350	Canon Powershot 600	Casio QV 10-A	Casio QV 100
Kompaktkamera	Kompaktkamera	Kompaktkamera	Kompaktkamera
1/3"	1/3"	1/5"	1/4"
350.000	570.000	250.000	360.000
640x480	858x614	320x240	640x480
Oneshot	Oneshot	Oneshot RGB	Oneshot RGB
120	100	k.A.	k.A.
24Bit	24Bit	24Bit	24Bit
k.A.	ca. 3 Sek	ca. 6 Sek	k.A.
43mm	50mm/28mm Weitwinkelvorsatz	62mm	40,5mm
70cm/3cm	10cm/25cm	28cm/10cm	30cm/11cm
nein	nein	Vorsatzlinsen von Drittherstellern	Vorsatzlinsen von Drittherstellern
2,8	2,5-16	2 und 8	2,8 und 8
1/4-1/2000	1/30-1/500	1/8-1/4000	1/8-1/4000
ja	ja	ja	ja
1,8" LCD Monitor	optisch	1,8" LCD Monitor	1,8" LCD Monitor
ja	nein	ja	ja
900kB	1500kB	225kB	900kB
JPEG	JPEG	JPEG	JPEG
–	1MB (3/6/12)	2MB (96)	4 MB (64-192)
Kompakt Flashkarte (2/4/15MB)	PC Card (ATA I, II, III)	nein	nein
seriell	parallel	seriell	seriell
3x AA	6X AA, NiCd Akku	4xAA 1,5V	4xAA 1,5V
ja	nein	optional	optional
ja	ja	ja	ja
ja	ja	ja	ja
–	Docking Station für parallele Schnittstelle dient als Akkuladegerät	Video Anschlußset inklusive	Video Anschlußset inklusive
Canon Deutschland GmbH Europapark Fichtenhain 110 47807 Krefeld	Canon Deutschland GmbH Europapark Fichtenhain A 10 47807 Krefeld	Casio Computer GmbH Bornbarch 10 22848 Norderstedt	Casio Computer GmbH Bornbarch 10 22848 Norderstedt
02151-349355	02151-349555	040-52865541	040-52865541
http://www.canon.de	http://www.canon.de	http://www.casio.co.uk	http://www.casio.usa.com
1400,-	1800,-	700,-	900,-

Kamera	Casio QV 300	Dycam 10-C	Epson Photo PC 500
Modell	Kompaktkamera	Kompaktkamera	Kompaktkamera
Aufnahmeverfahren			
Abmessung der CCD Einheit	1/4"	k. A.	1/3"
physikalische Auflösung	360.000	k. A.	k.A.
optische Auflösung	640x480	640 x 480	640x480
Farberfassung	Oneshot RGB	Oneshot	Oneshot
Lichtempfindlichkeit ISO	100	200	k.A.
Farbtiefe	24Bit	24 Bit	24Bit
Aufnahmedauer	k.A.	k. A.	k.A.
Optische System			
Brennweite	47mm/106mm	38-114 mm	43mm
minimaler Aufnahme-abstand normal/Makro	30cm/7cm	69 cm/48 cm	45cm/20cm
Wechselobjektive	nein	k. A.	nein
Blende/Verschluß			
Blende	2,6 und 8	2,6 bis 16	8
Belichtungszeiten	1/8-1/4000	1/16 s bis 1/500 s	1/30-1/10000
Belichtungskorrektur	nein	nein	k.A.
Sucher	2,5" LCD Monitor	optisch	optisch, 1,8" LCD Monitor optional
Speicherung			
Onlinekontrolle am Monitor	ja	nein	nein
Bilddateigrößen [kB]	900kB	900 kB	900kB
Kompressions-verfahren	JPEG	k. A.	JPEG
interner Speicher Aufnahmen	4MB (64-192)	5/10/40 (1MB)	2MB (30/60)
Wechselspeicher Typ	nein	PC-Card (ATA I, II)	nein
Schnittstellen	seriell	seriell	seriell
Stromversorgung			
Batterien	4xAA 1,5V	4 x AA, 1,5V	4xAA 1,5V
Netzteil	optional	optional	optional
Hardware			
PC	ja	ja	ja
Macintosh	ja	ja	ja
Sonderzubehör	Video Anschlußset inklusive	Supermakroadapterset 37 mm (3 Objektive mit +1, +2 und +4 Dioptrien) und Superweitwinkel	LCD Display optional
Hersteller	Casio Computer GmbH Bornbarch 10 22848 Norderstedt	k. A.	Epson Deutschland GmbH Zülpicher Str. 6 40549 Düsseldorf
Hotline	040-52865541	k. A.	0211-5082900
Internet	http://www.casio.co.uk	http://www.dycam.com	http://www.epson-deutschland.de
Preis	1200,-	1200,-	1200,-

Epson PhotoPC 600	Fuji DS7	Fujix DS-220	Fujix DS-300
Kompaktkamera	Kompaktkamera	Kompaktkamera	Kompaktkamera
1/3"	1/3" quadratische Pixel	1/3"	2/3" VT CCD
810.000	307.200	307.000	1.300.000
1024 x 768	640x480	640x480	1280x1000
Oneshot	Oneshot RGB	Oneshot RGB	Oneshot RGB
100	100	120/240	100/400
24 Bit	24Bit	24Bit	24Bit
k. A.	k.A.	2 Sek	k.A.
36 mm	38mm	36-72mm	35-105mm
50 cm / 20 cm	40cm/9cm	45cm/12cm	40cm/20cm
k. A.	nein	nein	nein
2,8 / 5,6 / 11	2,2/8	3,5-11	3,5-11
1/8 s bis 1/500 s	1/4-1/5000	1/4-1/1000	1/4-1/1000
nein	nein	nein	ja
optisch /2" LCD-Monitor	1,8" Farb LCD	optisch, LCD Monitor optional	optisch
ja	ja	ja	ja
2,3 MByte	900kB	900kB	3660kB
k. A.	JPEG	JPEG	TIFF
16/50 (4 MB)	–	–	–
Kompakt Flashkarte	SSFR-Speicherkarte 2MB	PC Card ATA II 2MB	PCMCAI Card ATA II 2MB/15MB
seriell	seriell	seriell	seriell
4 x AA	4xAA 1,5V	Lithium Ionen Akku	Lithium Ionen Batterie
optional	optional	ja	ja
ja	ja	ja	ja
k. A.	ja	ja	ja
–	–	LCD Display Makrokonverter optional	PAL NTSC Video Ausgang
Epson Deutschland GmbH Zülpicher Str. 6 40549 Düsseldorf	Fuji Photo Film GmbH Heesenstr. 31 40549 Düsseldorf	Fuji Photo Film GmbH Heesenstr. 31 40549 Düsseldorf	Fuji Photo Film GmbH Heesenstr. 31 40549 Düsseldorf
0211-5082900	0211/5089265	0211/5089264	0211/5089264
http://www.epson-deutschland.de	http://www.fujifilm.de	http://www.fujifilm.de	http://www.fujifilm.de
1500,-	900,-	2600,-	4000,-

Kamera	HP Photosmart	Kodak DC 20	Kodak DC 25
Modell	Kompaktkamera	Kompaktkamera	Kompaktkamera
Aufnahmeverfahren			
Abmessung der CCD Einheit	1/3"	k.A.	k. A.
physikalische Auflösung	348.768	163.889	k. A.
optische Auflösung	640x480	493x373	493 x 373
Farberfassung	Oneshot	k.A.	Oneshot
Lichtempfindlichkeit ISO	100	800/1600	800 / 16000
Farbtiefe	24Bit	24Bit	24 Bit
Aufnahmedauer	k.A.	2 Sek	k. A.
Optische System			
Brennweite	43mm	47mm	47 mm
minimaler Aufnahme-abstand normal/Makro	7cm/–	50cm/–	50 cm / –
Wechselobjektive	nein	nein	k. A.
Blende/Verschluß			
Blende	2,8/5,6/11	4-11	4-11
Belichtungszeiten	1/30-1/2000	1/30-1/4000	1/20 s - 1/4000 s
Belichtungskorrektur	ja	nein	nein
Sucher	optisch	optisch	optisch / LCD-Monitor
Speicherung			
Onlinekontrolle am Monitor	nein	nein	ja
Bilddateigrößen [kB]	900kB	539kB	539 kB
Kompressions-verfahren	JPEG	JPEG Derivat	JPEG Derivat
interner Speicher Aufnahmen	–	1MB (8/16)	14/29 (2MB)
Wechselspeicher Typ	HP Photospeicherkarte 2MB	–	Kodak Picture Card / ATA kompatibel
Schnittstellen	seriell	seriell	seriell
Stromversorgung			
Batterien	4xAA 1,5V	Lithium Batterie 3V	3V Lithium Batterie
Netzteil	optional	nein	nein
Hardware			
PC	ja	ja	ja
Macintosh	ja	ja	ja
Sonderzubehör	–	Snap On Vorsatzlinsen angekündigt	
Hersteller	Hewlett Packard GmbH Herrenberger Str 130 71034 Böblingen	Kodak AG Hedelfingerstr. 54-60 90327 Stuttgart	Kodak AG Hedelfingerstr. 54-60 90327 Stuttgart
Hotline	07031/140	0130/825402	0130/825402
Internet	http://www.hp.de	http://www.kodak.com	http://www.kodak.com
Preis	600,-	400,-	800,-

Kodak DC 40	Kodak DC 50	Kodak DC 120	Konica Q-mini QM-3501E
Kompaktkamera	Kompaktkamera	Kompaktkamera	Kompaktkamera
k.A.	k.A.	k. A.	1/3"
1.143.072	1.143.072	836.400	350.000
756x504	756x504	1280 x 960	640x480
Oneshot RGB	Oneshot RGB	Oneshot	Oneshot RGB
84	84	120	120
24Bit	24Bit	24 Bit	24Bit
k.A.	k.A.	k. A.	k.A.
42mm	37-111mm	38-114 mm	43mm
122cm/25cm	71cm/48cm	70 cm/20 cm	7cm/3cm
nein	nein	k. A.	nein
2,8-16	2,8-24	2,5-6 (W.); 3,5-24 (T.)	2,8-8
1/30-1/175	1/16-1/500	16 s bis 1/500 s	1/4-1/2000
ja	ja	ja	ja
optisch	optisch mit Brennweitenanpassung	optisch / 1,6"-LCD-Monitor	1,8" LCD Monitor
nein	nein	ja	ja
1100kB	1100kB	3,6MByte	900kB
JPEG	JPEG Derivat	JPEG Derivat	JPEG
4MB (48/99)	1MB (7/11/22)	2/20 (2MB)	–
–	PC Card Standard Format	Kompakt Flashkarte	Kompakt Flashkarte 2/4/10/15MB
seriell	seriell	seriell	seriell
4xAA 1,5 V	4xAA 1,5 V	4 x AA oder 1,7 V L.Bat.	3x Lithium AA
optional	optional	optional	optional
ja	ja	ja	ja
ja	ja	ja	ja
Vorsatzlinsen für Makro und Tele	-		Reinigungstuch für LCD, Kabel für Videoausgang inklusive
Kodak AG Hedelfingerstr. 54-60 90327 Stuttgart	Kodak AG Hedelfingerstr. 54-60 90327 Stuttgart	Kodak AG Hedelfingerstr. 54-60 90327 Stuttgart	Konica Europe GmbH Industriecenter X 11 Friedrich Bergius Str. 85662 Hohenbrunn
0130/825402	0130/825402	0130/825402	08102-8040
http://www.kodak.com	http://www.kodak.com	http://www.kodak.com	http://www.konica.de
1000,-	1200,-	2200,-	1200,-

Kamera	Konica Q-EZ	Minolta Dimâge V	Mustek VDC-100
Modell	Kompaktkamera	Kompaktkamera	Kompaktkamera
Aufnahmeverfahren			
Abmessung der CCD Einheit	1/3"	1/3"	k.A.
physikalische Auflösung	350.000	307.200	256.000
optische Auflösung	640x480	640x480	640x480
Farberfassung	Oneshot	Oneshot	Oneshot
Lichtempfindlichkeit ISO	100	100	k.A.
Farbtiefe	24Bit	24Bit	24 Bit
Aufnahmedauer	k.A.	k.A.	k.A.
Optische System			
Brennweite	43mm	34-92mm	k.A.
minimaler Aufnahme-abstand normal/Makro	3,5cm/3,5cm	6cm/6cm	9,5 cm/–
Wechselobjektive	nein	nein	k.A.
Blende/Verschluß			
Blende	2,8/5,6/11	k.A.	2 / 8
Belichtungszeiten	1/30-1/2000	k.A.	k.A.
Belichtungskorrektur	ja	ja	nein
Sucher	optisch	1,3" LCD Monitor	optisch
Speicherung			
Onlinekontrolle am Monitor	nein	ja	ja
Bilddateigrößen [kB]	900kB	900kB	900 kB
Kompressions-verfahren	JPEG	JPEG	k.A.
interner Speicher Aufnahmen	–	–	10/20 (1MB)
Wechselspeicher Typ	Miniatur Card 2MB	SSFD Speicherkarte 2MB	nein
Schnittstellen	seriell	seriell	seriell
Stromversorgung			
Batterien	4x AA 1,5V	4x AA 1,5V	4x AA
Netzteil	optional	ja	ja
Hardware			
PC	ja	ja	ja
Macintosh	ja	ja	k.A.
Sonderzubehör	Kameratasche inklusive	Adapterkarte für SSFD Karten optional, abnhembares Objektiv	–
Hersteller	Konica Europe GmbH Industriecenter X 11 Friedrich Bergius Str. 85662 Hohenbrunn	Minolta GmbH Kurt-Fischer-Str. 50 22923 Ahrensburg	Mustek Computer GmbH Hellersbergstraße 2a D-41460 Neusss
Hotline	08102-8040	04102-70323	0213-1626-0
Internet	http://www.konica.de	http://www.minolta.de	http://www.mustek-europe.com
Preis	800,-	1200,-	k.A.

Nikon Coolpix100	Nikon Coolpix 300	Olympus C-400	Olympus C-400L
Kompaktkamera	Kompaktkamera	Kompaktkamera	Kompaktkamera
1/3"	1/3"	1/3"	1/3"
330.000	330.000	350.000	305.000
512x480	640x480	640x480	640x480
Oneshot	Oneshot	Oneshot RGB Bedampfung	Oneshot RGB Bedampfung
100	100	130	130
24Bit	24Bit	24Bit	24Bit
k.A.	k.A.	max 6 Sek	max 6 Sek
52mm	45mm	36mm	36mm
65cm/14cm	65cm/14cm	75cm/20cm	75cm/20cm
nein	nein	nein	nein
4	4	2,8/5,6/11	2,8/5,6/12
1/45-1/10000	1/30-1/2500	1/8-1/10000	1/8-1/10000
nein	nein	nein	nein
optisch	2,5" LCD Monitor optisch	optisch	optisch / 1,8" Farb LCD Monitor
nein	ja	nein	ja
720kB	900kB	900kB	900kB
JPEG	JPEG	JPEG	JPEG
1MB (21/42)	4MB (66/132)	1MB (12/36)	2MB (20/80)
–	–	–	–
PC Card ATAII	seriell, SCSI	seriell	seriell
4xAA 1,5V	4xAA 1,5V	4xAA 1,5 V	4xAA 1,5 V
nein	optional	optional	optional
ja	ja	ja	ja
ja	ja	ja	ja
–	SCSI Kabel optional	–	–
Nikon GmbH Tiefenbroicher Weg 25 40472 Düsseldorf	Nikon GmbH Tiefenbroicher Weg 25 40472 Düsseldorf	Olympus Optical Co. GmbH Wendenstr. 14-16 20097 Hamburg	Olympus Optical Co. GmbH Wendenstr. 14-16 20097 Hamburg
06074-82230	06074-82230	0086710830	0086710830
http://www.klt.co.jp/Nikon	http://www.klt.co.jp/Nikon	–	–
900,-	1850,-	500,-	900,-

Kamera	Olympus C-410L	Olympus C-800L	Olympus C-820L
Modell	Kompaktkamera	Kompaktkamera	Kompaktkamera
Aufnahmeverfahren			
Abmessung der CCD Einheit	1/3"	1/3"	1/3"
physikalische Auflösung	350.000	810.000	810.000
optische Auflösung	640x480	1024x768	1024x768
Farberfassung	Oneshot RGB Bedampfung	Oneshot CYMK Bedampfung	Oneshot
Lichtempfindlichkeit ISO	130	50	100
Farbtiefe	24Bit	24Bit	24Bit
Aufnahmedauer	max 6 Sek	max 6 Sek	k.A.
Optische System			
Brennweite	36mm	36mm	36mm
minimaler Aufnahme-abstand normal/Makro	75cm/20cm	50cm/20cm	20cm/–
Wechselobjektive	nein	nein	nein
Blende/Verschluß			
Blende	2,8/5,6/12	2,8/5,6/13	2,8/5,6/11
Belichtungszeiten	1/8-1/10000	1/8-1/500	1/4-1/500
Belichtungskorrektur	nein	nein	ja
Sucher	optisch / 1,6" Farb LCD Monitor	optisch / 1,8" Farb LCD Monitor	optisch, 2" LCD Monitor Monitor
Speicherung			
Onlinekontrolle am Monitor	ja	ja	ja
Bilddateigrößen [kB]	900kB	2250kB	2250kB
Kompressions-verfahren	JPEG	JPEG	JPEG
interner Speicher Aufnahmen	3MB (30/120)	6MB (30/120)	–
Wechselspeicher Typ	–	–	SSFD Speicherkarte 2MB/4MB
Schnittstellen	seriell	seriell	seriell
Stromversorgung			
Batterien	4xAA 1,5 V	4xAA 1,5 V	4xAA 1,5V
Netzteil	optional	optional	optional
Hardware			
PC	ja	ja	ja
Macintosh	ja	ja	ja
Sonderzubehör	–	–	Adapterkarte für SSFD, PAL Anschluß
Hersteller	Olympus Optical Co. GmbH Wendenstr. 14-16 20097 Hamburg	Olympus Optical Co. GmbH Wendenstr. 14-16 20097 Hamburg	Olympus Optical Co. GmbH Wendenstr. 14-16 20097 Hamburg
Hotline	0086710830	0086710830	0086710830
Internet	–	–	–
Preis	1000,-	1900,-	1800,-

Panasonic NV-DCF 1	Panasonic KXL-600A	Polaroid PDC 2000 40/60/T	Ricoh RDC-2
Kompaktkamera	Kompaktkamera	Kompaktkamera	Kompaktkamera
1/3"	1/4"	k.A.	1/4" Flächensensor
350.000	360.000	1.000.000	410.000
640x480	640x480	800x600/1600x1200	768x576
Oneshot	Oneshot	Oneshot RGB	Oneshot
120	80	100	78
24Bit	24Bit	24Bit	24Bit
k.A.	k.A.	k.A.	k.A.
43mm	50mm	38mm	35/55mm
70cm/3cm	50cm/13cm	25cm/- Weitwinkel 60cm/- Tele	1cm/1cm
nein	nein	ja	nein
2,8	5,5-14,5	2,8-11	2,0
1/4-1/2000	1/8-1/4000	1/25-1/500	1/8-1/500
ja	ja	nein	k.A.
1,8" MIM LCD Monitor	optisch, LCD Monitor optional	optisch	optisch, Farb LCD Monitor optional
ja	ja	nein	ja
900kB	900kB	1400/5600kB	1300kB
JPEG	JPEG	TIFF	JPEG
–	–	PDC 2000-40 (40 Bilder) PDC 2000-60 (60 Bilder)	2MB (9/38)
Kompakt Flashkarte 2/4/15MB	Kompakt Flashkarte 2 MB	–	PC Card (ATA I,II) 4-20MB
seriell	seriell	SCSI	seriell
3x AA	4xAA 1,5V	4xAA 1,5 V	4x AA Akku
ja	optional	ja	optional
ja	ja	ja	ja
ja	ja	ja	ja
PC Card Adapter, Videoausgangkabel inklusive	PC Card Adapter inklusive	Tele und Makroobjektive optional	–
		Polaroid GmbH Sprendlinger Landstr. 109 63069 Offenbach	Ricoh Europe B.V. Niederlassung Deutschland Mergenthalerallee 38-40 65760 Eschborn
		069/8404888	06196-906-709
		http://www.polaroid.com	http://www.ricoh-europe.com
1300,-	800,-	6785,-(40) 9142,-(60)	1600,-

Kamera	Samsung SSC-410N	Sanyo VPC-G1	Sanyo D-CAM VPC-G200EX
Modell	Kompaktkamera	Kompaktkamera	Kompaktkamera
Aufnahmeverfahren			
Abmessung der CCD Einheit	1/3“	k.A.	1/3“
physikalische Auflösung	410.000	307.000	350.000
optische Auflösung	768 x 484	640x480	640 x 480
Farberfassung	Oneshot	Oneshot RGB	Oneshot
Lichtempfindlichkeit ISO	k. A.	130	80
Farbtiefe	24 Bit	24Bit	24 Bit
Aufnahmedauer	k. A.	k.A.	k. A.
Optische System			
Brennweite	40-120 mm	42mm	37 mm
minimaler Aufnahme-abstand normal/Makro	40 cm / 14 cm	10cm/–	50 cm / 20 cm
Wechselobjektive	k. A.	nein	k. A.
Blende/Verschluß			
Blende	1 / 8	5,6	2,8 / 5,6 / 11
Belichtungszeiten	1/60 s bis 1/10.000 s	1/30-1/4000	1/4 s bis 1/10.000 s
Belichtungskorrektur	nein	nein	nein
Sucher	1,8“ LCD-Monitor	optisch	optisch / 2“ TFT-LCD-Monitor
Speicherung			
Onlinekontrolle am Monitor	ja	nein	ja
Bilddateigrößen [kB]	1,1 MB	720kB	900 kB
Kompressions-verfahren	k. A.	JPEG	k. A.
interner Speicher Aufnahmen	30/120 (4 MB)	1MB (16/32)	60/120 (4 MB)
Wechselspeicher Typ	nein	nein	nein
Schnittstellen	seriell	seriell	seriell
Stromversorgung			
Batterien	4 x AA	4xAA 1,5V	4 x AA
Netzteil	k. A.	nein	optional
Hardware			
PC	ja	ja	ja
Macintosh	k. A.	ja	ja
Sonderzubehör	–	Speichererweiterung 2MB/4MB optional	–
Hersteller	Samsung Deutschland GmBH Am Kronberger Hang 6 D-65824 Schwalbach	Sanyo Fischer Vertriebs GmbH Stahlgruberring 4 81829 München	Sanyo Fischer Vertriebs GmbH Stahlgruberring 4 D-81829 München
Hotline	0 61 96-66 53 02	089-45116 246	0 89-4 51 16 246
Internet	k. A.	http://www.indigo.ie/Sanyo	http://www.indigo.ie/sanyo
Preis	k. A.	900,-	1400,-

Sony DKC ID1	Sony DSC-F1	Sony Mavica MVC-FD5 / MVC-FD7	Umax PhotoRun
Kompaktkamera	Kompaktkamera	Kompaktkamera	Kompaktkamera
1/3"	k. A.	1/4"	1/5"
450.000	350.000	380.000	256.000
768x576	640 x 480	640 x 480	504 x 376
Oneshot RGB	Oneshot	Oneshot	Oneshot
100	k. A.	k. A.	k. A.
24Bit	24 Bit	24 Bit	24 Bit
k.A.	k. A.	k. A.	k. A.
38-450mm	35 mm	MVC-FD5: 47mm; MVC-FD7: 40 bis 400mm	60 mm
10cm/10cm	5 cm / 8 cm	k. A.	50 cm/–
nein	k. A.	k. A.	k. A.
5,4	k. A.	MVC-FD7: 1,8; 2,9	2,8
1/15-1/4000	1/7,5 s bis 1/1.000 s	k. A.	k. A.
ja	ja	k. A.	nein
LCD Monitor	1,8" TFT LCD-Monitor	2,5" TFT LCD-Monitor	optisch
ja	ja	ja	nein
1300kB	900 kB	900 kB	555 kB
JPEG	k. A.	k. A	k. A.
–	30/58 (4 MB)	–	–
PC Card ATA II	nein	3,5" 2HD Diskette	Kompakt Flashkarte 2MB
SCSI	seriell	k. A.	parallel
Lithium Ionen Akku	Lithiumionen-Akku	Lithiumionen-Akku	2 x AAA
optional	ja	k. A.	nein
ja	ja	ja	ja
ja	ja	k. A.	k. A.
–	Fotodrucker DPP-M55 mit Infrarotschnittstelle optional	k. A.	nein
Sony Deutschland GmbH Hugo-Eckner Str. 20 50829 Köln	Sony Deutschland GmbH Hugo-Eckener Str. 20 D-50829 Köln	Sony Deutschland GmbH Hugo-Eckener Str. 20 D-50829 Köln	Umax Systems Gmbh Halskestraße 4b D-47877 Willich
0221/59660	02 21-59 66 0	02 21-59 66 0	01 90-87 23 08
http://www.sony.com	http://www.sony.de	http://www.sony.de	http://www.umax.com
2600,-	1600,-	1200,—/1800,-	500,-

Kamera	Agfa ActionCam	Canon/Kodak EOS*DCS3e	Fujix DS-505 (baugl. Nikon E2)
Typ	SpiegelreflexKamera	Oneshot Digitalkamera auf SLR Basis	Oneshot Digitalkamera auf SLR Basis
Kameragehäuse	Minolta 500si super	Canon EOS IN/D	Nikon F4
Aufnahmeverfahren			
CCD Sensorgröße	3 CCD à 16,5x12,2mm	16x21mm	6,6x8,8mm
CCD Sensor Pixel	1528x1146	1012x1268	1000x1280
Bildgröße [MB]	5	7,6	3,66
Farberfassung	Oneshot über Prisma	Oneshot durch RGB Bedampfung	Oneshot RGB
Farbtiefe	24Bit	36Bit	24Bit
Lichtempfindlichkeit	800	200-1600	400/1600
interner Speicher	–	–	–
Wechselspeicher	PCMCIA Card ATAIII (130MB/112Aufn)	PCMCIA Card ATA III (340MB/240Aufn)	PCMCIA Card ATA I, II (15MB, 40MB)
Optik			
Wechselobjektive	ja	ja	ja
Blenden	6,7-22	objektivabhängig	6,7-39
Belichtungszeit	1/2-1/2000	30-1/8000	1/2-1/2000
man. Belichtungskorrektur	ja	ja	ja
Sucher	optisch	TTL optisch	TTL optisch
Hersteller	Agfa Gevaert AG Im Medienpark 5 50670 Köln	Kodak AG Hedelinger Str. 54-60 70327 Stuttgart	Nikon Deutschland Tiefenbroicher Weg 25 40472 Düsseldorf
Hotline	0221-5717389	0711-4065112	0211-94140
Internet			
Preis	15985,-	Preise über Hotline	22678,-

Kodak DCS 420c	Kodak DCS 460x	Minolta RD-175
Oneshot Digitalkamera auf SLR Basis	Oneshot Digitalkamera auf SLR Basis	SpiegelreflexKamera
Nikon F90	Nikon F90	Minolta 500si
9x15mm	19x24mm	3 CCD à 16,5x12,2mm
1012x1524	2036x3060	1528x1146
9	36	5
Oneshot durch RGB Bedampfung	Oneshot durch RGB Bedampfung	Oneshot über Prisma
36Bit	36Bit	24Bit
100-400	80	800
–	–	–
PCMCIA Card ATA III (340MB/210Aufn)	PCMCIA Card ATA III (340MB/52Aufn)	PCMCIA Card ATA III (130MB/112Aufn)
ja	ja	ja
objektivabhängig	objektivabhängig	6,7-22
30-1/8000	30-1/8000	1/2-1/2000
ja	ja	ja
TTL optisch	TTL optisch	Spiegelreflexsucher
Kodak AG Hedelinger Str. 54-60 70327 Stuttgart	Kodak AG Hedelinger Str. 54-60 70327 Stuttgart	Minolta GmbH Buisness Equipment Operations Minoltaring 11 30885 Langenhagen
0711-4065112	0711-4065112	0511-7404444
Preise über Hotline	Preise über Hotline	15985,-

Kamera	Agfa Studio Cam	Arca Swiss True Cam	Arca Swiss Monolith Megavision T2
Typ	Komplettkamera	Stand Alone-Kamera	Stand Alone-Kamera mit Megavision-Rückteil
passend für welche Kameragehäuse	–	Fachkameras	Arca Swiss Monolith 6x9
nur für unbewegte Motive	ja	ja	ja
Offline Einsatz möglich	nein	nein	nein
Aufnahmeverfahren			
Farberfassung	Onepass Scan	Threeshot durch Filterrad	Threeshot durch Filterrad
Farbtiefe	24/36Bit	3x8 Bit	3x12
CCD-Sensor Größe	36x29mm	7x9mm	30x30mm
CCD-Sensor Auflösung	4500x3648	1512x1162	2048x2048
Bilddateigröße	49MB	5MB	13MB
Zeit pro Aufnahme	1-10 Min	5 Sek.	12 Sek.
Wechselobjektive	nein		
Hardware			
Plattform	PowerMac	Apple Power PC	PC/Apple Power PC
Schnittstelle	SCSI2	PCI	PCI
Lichtempfindlichkeit ISO	100-400	~100 (Farbe); 400 (SW)	– 100
Objektiv	35-80mm	–	–
Autofokus	nein	nein	nein
Belichtungszeiten	1-10min	1/60	1/30 - 1/250
manuelle Belichtungskorrektur	–	ja	ja
Blenden	4-22	1.2 - 45	2.8 - 45
Sucher	optisch	Realtime-Monitor	Realtime-Monitor
Wiedergabefunktion zur Bildkontrolle	nein	nein	nein
Fernsteuerung vom Rechner	alle Funktionen außer Blende und Fokus	ja (Gamma, Helligkeit, Kontrast)	ja
mitgeliefertes Zubehör	Objektiv, Netzteil, SCSI Kabel	CCD-Rückteil, PCI-Karte, Software	Fachkamera, CCD-Rückteil mit Adapter, PCI-Karte, Software
Adresse	Agfa Gevaert AG Im Medienpark 5 50670 Köln	Arca Swiss Phototechnik AG, Einsiedlerstr. 535, CH-8810 Horgen	Arca Swiss Phototechnik AG, Einsiedlerstr. 535 CH-8810 Horgen
Hotline	Fax:0221-5717389	(41 - 1) 725 6160	(41 - 1) 725 6160
Internet	http://www.agfa.de	–	–
Preis	17250,-	15347,-	~53000,-

ColorCrisp Carnival 2000	Dicomed BigShot 3000	Dicomed BigShot 4000	Fujix HC 2000 D
Rückteil	Rückteil	Rückteil	Strand Alone Multi Chip-Kamera
Hasselblad 553 ELX, Mamyia RZ67, Sinar p2, Fuji 680	Hasselblad: Fachkamera	Hasselblad; Fachkamera	–
nein: Oneshot: Multishot	ja (Bewegtmotive in SW)	nein	nein
nein	in Vorbereitung	in Vorbereitung	ja
wahlweise Oneshot/Multishot mit RGB-Filter	Threeshot RGB (Multiple Shot mit Farbfiltern)	Oneshot durch LCD-RGB-Filter	Oneshot durch CCD-Sensoren/Prisma
3x12 Bit	3x12	3x12	3x10
31x31mm	60x60mm	60x60mm	3x2/3"
2000x2000	4096x4096	4096x4096	1280x1000
11,4MB	48MB	48MB	3.7MB
Oneshot: 15 Sek.; Multishot 20 Sek.	k.A.	k.A.	15 Sek.
Power Macintosh	Power Macintosh	Macintosh (PowerMac)	Mac, PC
SCSI2	SCSI2	SCSI2	SCSI
60	100 - 400	100	40/80/160
–	objektivabhängig	objektivabhängig	Wechselobjektive 7.5 - 96mm
–	kameraabhängig	kameraabhängig	nein
> 1 Sek.	1 - 1/1000 Sek.	1 - 1/1000 Sek.	1/4 - 1/2000 Sek.
kameraabhängig	kameraabhängig	kameraabhängig	ja
objektivabhängig	objektivabhängig	objektivabhängig	02.08.16
kameraabhängig	kameraabhängig	kamerabhängig	Suchermonitor
nein	nein	nein	ja
Aufnahme	Auslösung	Auslösung	ja
Netzgerät, SCSI-Kabel, Handbuch, Koffer	Netzgerät, Software, Filter	Netzgerät, Software, Filter	Kamerakopf, Controller, Kabel
Color Crisp b/s, Meterbuen 6C, DK-2740 Skovlunde; Vertrieb in D: PSL Photsystems, Ahrensburg	Dicomed Generalimporteur Deutschland: mpc Digitale Kameratechnik GmBH, Reichshofstr. 9, 58239 Schwerte	Dicomed Generalimporteur Deutschland: mpc Digitale Kameratechnik GmBH, Reichshofstr. 9, 58239 Schwerte	Fuji Photo Film Meesenstr. 31 40459 Düsseldorf
–	(02304) 968080	(02304) 968080	(0211) 5089 264
	info@MPC-Digital.de	info @ MPC-Digital.de	http://www.fujifilm.de
ab 46000,-	91885,-	auf Anfr.	30000,-

Kamera	HWZ-Scanner	Kodak DCS 465c (Farbe)/m (SW)	Leaf DCB II
Typ	Graustufen-Scannerrückteil	Rückteil	Threeshot-Rückteil
passend für welche Kameragehäuse	Fachkameras	Hasselblad 500, 503, Plexbody; Mamyia RB67/RZ67; Anbindung an Großformat wie Cambo, Sinar über Kamerahersteller	Hasselblad 553 ELX/500 EL; Mamyia RZ67, Fuji GX680, Sinar p2 und a (CapCam), Cambo Master, Camerz ZII
nur für unbewegte Motive	ja		ja
Offline Einsatz möglich	k.A.		nein
Aufnahmeverfahren			
Farberfassung	Graustufen	Oneshot durch RGB-Bedampfung	Threeshot durch Filterrad
Farbtiefe	8	3x12	3x14
CCD-Sensor Größe	23x50mm"	19x24mm	30x30mm
CCD-Sensor Auflösung	1648x3500	2036x3060 (6.230.160)	2048x2048
Bilddateigröße	ca. 5.3MB	8 Bit: 18MB 12 Bit: 36MB	12MB
Zeit pro Aufnahme	ca 16 Sek.	2 Aufn. In 2 Sek. Dann 8 Sek. Pause	ca 40 Sek.
Wechselobjektive			
Hardware			
Plattform	PC	Mac (> Quadra); PC (> 486)	Apple PowerPC
Schnittstelle	ISA-Steckkarte Plug&Scan	SCSI: PC Card-Laufwerk	Interface-Karte für PCI oder NuBus
Lichtempfindlichkeit ISO	k.A.	80 (SW: 200)	– 200
Objektiv	–	kameraabhängig	–
Autofokus	nein	nein	nein
Belichtungszeiten	k.A.	1/8000 - 30 Sek.	1 - 1/1000 Sek.
manuelle Belichtungskorrektur	kameraabhängig	–/– 2 Blenden	kameraabhängig
Blenden	objektivabhängig	objektivabhängig	objektivabhängig
Sucher	kameraabhängig	TTL optisch	kameraabhängig
Wiedergabefunktion zur Bildkontrolle	nein	nein	nein
Fernsteuerung vom Rechner	ja	Aufnahme	ja
mitgeliefertes Zubehör	Rückteil, Kabel, ISA-Karte	PC-Card; SCSI-Kabel für PC und Macintosh, Netzgerät, Koffer	k.A.
Adresse	HWZ Hampel/Wigger/Ziemer, Larstropweg 1, 20255 Hamburg	Kodak AG, Hedelfinger Str. 54-60, 70327 Stuttgart	Scitex Deutschland, Max-Planck-Str. 8, 85609 Aschheim-Dornbach; Vertrieb in D: PSL Photosystems
Hotline	–	(0711) 4065112	Vetrieb PSL (04102) 464-0
Internet	–	http://www.kodak.com	–
Preis	5000,-	aktuelle Preise über Hotline	ca. 46000,-

Leaf Lumina	Leaf CatchLight	Megavision T2 Cambo	Megavision T3
Stand Alone-Scannerkamera für 35mm Objektive (Nikon Bajonett)	Oneshot-Rückenteil	Stand Alone und als Rückteil einsetzbar	Rückteil
–	Hasselblad 553 ELX/500EL; Mamiya RZ67, Fuji GX680; Sinar p2 und e (CapCam); Cambo Master, Camerz ZII	an Cambo und Sinar direkt; andere 4x5"-Kameras adaptierbar	Hasselblad, Mamiya 67 und 645
ja	nein	ja (bewegte Motive in SW)	nein
nein	nein	nein	in Vorbereitung
Single Scan	Oneshot durch Farbbedampfung	Threeshot mit interner Farbfilterung	Oneshot durch Farbbedampfung
3x12	3x14	3x12	3x12
Zeilensensor Dreiecksmatrix	30x30mm	31x31mm	31x31mm
2700x3400	1920x1920	2048x2048	2048x2048
26.3MB	10.6MB	12MB	12MB
ca. 180 Sek.	k.A.	ca. 9 Sek.	2 Sek. (30 Aufn./Min.)
Mac	Apple PowerPC	PowerMac; PC Windows	PowerMac (PCI); PC
Macintosh; SCSI	Interface-Karte für PCI oder NuBus	PCI Direct Interface Card	PCI Direkt Interface
k.A.	-100	F: 28 - 112; SW: 300	100
Wechelobjektive Nikon Bajonett	–	–	–
–	nein	–	–
–	k.A.	Blitz X. 1/4, 1/2, 1, 2 S.	abhängig von Kamera
k.A.	kameraabhängig	computergesteuerte Blende	abhängig von Kamera
objektivabhängig	obejktivabhängig	objektivabhängig	abhängig von Kamera
optisch	kameraabhängig	kameraabhängig	optisch
nein	nein	–	nein
ja	ja	alle Funktionen	ja
k.A.	k.A.	Stand Alone-Adapter für Nikon-Objektive, PCI-Interface	PCI-Interface
Scitex Deutschland, Max-Planck-Str. 8, 85609 Aschheim-Dornbach; Vertrieb in D: PSL Photosystems	Scitex Deutschland, Max-Planck-Str. 8, 85609 Aschheim-Dornbach; Vertrieb in D: PSL Photosystems	Vetrieb: KIP Bowens GmBH, Eppendorfer Weg 213, 202553 Hamburg	Vetrieb: KIP Bowens GmBH, Eppendorfer Weg 213, 202553 Hamburg
k.A.	PSL: (04102) 464-0	(040) 4204246	(040) 420 4246
k.A.	–	custsup @ mega-vision.com	custsup @mega-vision.com
ca. 8900,-	ca. 46000,-	59800,-	auf Anfr.

Kamera	**Phase One PhotoPhase FC70**	**Phase One PhotoPhase CB 67**	**Phase One PhotoPhase BB66 und CB66**
Typ	Scanner Rückteil		
passend für welche Kameragehäuse	Filmkassetten-Einschub für alle 4x5"-Kameras	Mamya RZ67	*BB66:* Bronica SQ-Ai *CB66:* Hasselblad 500, 501C, 503CXI, 201F, 203FE, 205TCC
nur für unbewegte Motive	ja		
Offline Einsatz möglich	nein		
Aufnahmeverfahren			
Farberfassung	trilineare CCD-Zelle; Onepass-Scan		
Farbtiefe	3x12		
CCD-Sensor Größe	70x100mm	60x70mm	60x60mm
CCD-Sensor Auflösung	5000x7142	5000x4071	4000x4000
Bilddateigröße	102MB	58.2MB	45.8MB
Zeit pro Aufnahme	ca. 11MB/Min.		
Wechselobjektive			
Hardware			
Plattform	Macintosh		
Schnittstelle	SCSI2		
Lichtempfindlichkeit ISO	400		
Objektiv	objektivabhängig		
Autofokus	–		
Belichtungszeiten	1/60 - 1/125 pro Zeil		
manuelle Belichtungskorrektur	kameraabhängig		
Blenden	kameraabhängig		
Sucher	kameraabhängig		
Wiedergabefunktion zur Bildkontrolle	nein		
Fernsteuerung vom Rechner	Belichtungszeit, Auslösen		
mitgeliefertes Zubehör	SCSI-Kabel, Netzteil, Arl-Filter, Camera Computer		
Adresse	Phase One, Roskildevej 39, DK-2000 Frederiksberg Vertrieb in D: Storm CPD GmbH, Bräunleinsberg 6, 91242 Ottensoosk, A	Phase One, Roskildevej 39, DK-2000 Frederiksberg Vertrieb in D: Storm CPD GmbH, Bräunleinsberg 6, 91242 Ottensoosk, A	Phase One, Roskildevej 39, DK-2000 Frederiksberg Vertrieb in D: Storm CPD GmbH, Bräunleinsberg 6, 91242 Ottensoosk, A
Hotline	Strom: 91239718-0		
Internet	http://www.phaseone.com	http://www.phaseone.com	http://www.phaseone.com
Preis		34385,-	34385,-

Phase One PhotoPhase CB68	**Phase One PhotoPhase Plus**	**Phase One StudioKit SK70**	**Phase One StudioKit SK67**
		Scanner Rückteil	
Fuji GX680	Filmkassetten-Einschub für alle 4x5"-Kameras	Filmkassetten-Einschub für alle 4x5"-Kameras	Mamiya RZ67
		ja	
		nein	
		trilineare CCD-Zelle; Onepass-Scan	
		3x12	
60x60mm	70x100mm	70x100mm	60x70mm
4286x5714	5000x7200	2500x3571	2500x2035
70MB	103MB	25MB	14.6MB (20MB)
	ca. 3 Min. (bis 30MB/Sek,)	bis 8MB/Min.	
	Macintosh (PowerMac); PC	Macintosh (PowerMac)	
	SCSI2 direkt	SCSI2	
	800	400	
		objektivabhängig	
		–	
	1/15 - 1/25 pro Zeile	1/60 - 1/125 pro Zeile	
		kameraabhängig	
		kameraabhängig	
		kameraabhängig	
		nein	
		Belichtungszeit, Auslösen	
	SCSI-Kabel (Mac&PC), Netzteil, Arl-Filter	SCSI-Kabel, Netzteil, Arl-Filer, NuBus-Karte, 2Fluoresz.-Lampen	
Phase One, Roskildevej 39, DK-2000 Frederiksberg Vertrieb in D: Storm CPD GmbH, Bräunleinsberg 6, 91242 Ottensoosk, A	Phase One, Roskildevej 39, DK-2000 Frederiksberg Vertrieb in D: Storm CPD GmbH, Bräunleinsberg 6, 91242 Ottensoosk, A	Phase One, Roskildevej 39, DK-2000 Frederiksberg Vertrieb in D: Storm CPD GmbH, Bräunleinsberg 6, 91242 Ottensoosk, A	Phase One, Roskildevej 39, DK-2000 Frederiksberg Vertrieb in D: Storm CPD GmbH, Bräunleinsberg 6, 91242 Ottensoosk, A
		Strom: 91239718-0	
http://www.phaseone.com	http://www.phaseone.com	http://www.phaseone.com	http://www.phaseone.com
34385,-	44735,-	k.A.	22885,-

Kamera	**Phase One StudioKit BK66**	**Phase One StrudioKit SK66**	**Phase One StudioKit Plus SK70II**
Typ			
passend für welche Kameragehäuse	Bronica SQ-Ai	Hasselblad 500, 501C, 503CXi, 201F, 203FE, 205TCC	Filmkassetten-Einschub für alle 4x5"-Kameras
nur für unbewegte Motive			
Offline Einsatz möglich			
Aufnahmeverfahren			
Farberfassung			
Farbtiefe			
CCD-Sensor Größe	60x60mm	60x60mm	70x100mm
CCD-Sensor Auflösung	2000x2000	2000x2000	2500x3600
Bilddateigröße	11.4MB (18MB)	11.4MB (18MB)	25.7MB
Zeit pro Aufnahme			ca. 3 Min. (bis 30MB/Sek.)
Wechselobjektive			
Hardware			
Plattform			Macintosh (PowerMac); PC
Schnittstelle			SCSI2 direkt
Lichtempfindlichkeit ISO			800
Objektiv			
Autofokus			
Belichtungszeiten			1/15 - 1/25 pro Zeile
manuelle Belichtungskorrektur			
Blenden			
Sucher			
Wiedergabefunktion zur Bildkontrolle			
Fernsteuerung vom Rechner			
mitgeliefertes Zubehör			SCSI-Kabel, Netzteil, Arl-Filter, 2 Tungsten-Lampen, Tungsten-Filter
Adresse	Phase One, Roskildevej 39, DK-2000 Frederiksberg Vertrieb in D: Storm CPD GmbH, Bräunleinsberg 6, 91242 Ottensoosk, A	Phase One, Roskildevej 39, DK-2000 Frederiksberg Vertrieb in D: Storm CPD GmbH, Bräunleinsberg 6, 91242 Ottensoosk, A	Phase One, Roskildevej 39, DK-2000 Frederiksberg Vertrieb in D: Storm CPD GmbH, Bräunleinsberg 6, 91242 Ottensoosk, A
Hotline			
Internet	http://www.phaseone.com	http://www.phaseone.com	http://www.phaseone.com
Preis	21735,-	21735,-	28635,-

Praktica Foto Color Scanner	Praktica Foto Scanner (Graustufen)	Rollei Digital ChipPack	Rollei Digital ScanPack
Farb-Scannerkamera	SW-Scannerkamera	Rückteil	Rückteil
–	–	Rolleiflex 6008 Integral	Rolleiflex 6008 Integral
ja	ja	ja (bewegte Motive in SW)	ja
nein	nein	nein	nein
Onepass Scan	–	Threeshot mit Farbfiltern	Threepass-Scan
3x10 Bit	8	3x12 Bit	3x12 Bit
trilinearer Zeilensensor	Zeilensensor	31x31mm	41.2x35mm
2696x3590	2593x3272	2048x2048	5850x5000
28MB	8MB	12MB	90MB
ca. 60 Sek.	ca. 360 Sek.	60 Sek.	k.A.
PC und Macintosh	PC	Macintosh	Macintosh
SCSI	über mitgelieferte Einsteckkarte	SCSI2	SCSI2
200	200	100	200
35 mm-Wechselobjektive	35 mm-Wechselobjektive	Wechselobjektive 6000 System	Wechselobjektive 6000 System
nein	nein	–	–
–	–	1/2 - 1/1000	–
-1 bis +5	-1 bis +3	–	–
1.4 - 22 (objektivabhängig)	1.4 - 22 (objektivabhängig)	objektivabhängig	objektivabhängig
Spiegelreflexsucher	Spiegelreflexsucher	6000 System	6000 System
–	–	nein	nein
ja	ja	Aufnahme	Aufnahme
AT-Karte für PC oder SCSI-Box für Mac und PC; Objektiv; Kabel	AT-Karte für PC; Objektiv; Kabel	Interface-Box; Verbindungskabel, Handbuch	Interface-Box; Verbindungskabel
Jos. Schneider Feinwerktechnik, Enderstraße 94, 01277 Dresden	Jos. Schneider Feinwerktechnik, Enderstraße 94, 01277 Dresden	Rollei Fototechnik GmbH; Salzdahlurner Str. 196, 38126 Braunschweig	Rollei Fototechnik GmbH; Salzdahlurner Str. 196, 38126 Braunschweig
(0351) 2589231	(0351) 2589231	(0531) 6800-0	(0531) 6800-0
–	–	-	–
PC: 6325,-; MAC: 6843,-	3565,-	39100,-	ca. 26000,-

Kamera	**Rollei DSP 104 (Digital StillPack)**	**Rollei DSP 104 (Digital StillPack)**	**Sony DKC-5000**
Typ	Rückteil	Rückteil	Stand Alone-Multi Chip-Studiokamera
passend für welche Kameragehäuse	Rolleiflex 6008 Integral	Rolleiflex 6008 Integral	–
nur für unbewegte Motive	nein: Oneshot; Multishot	nein: Onehsot; Multishot"	nein
Offline Einsatz möglich	nein	nein	nein
Aufnahmeverfahren			
Farberfassung	wahlweise Oneshot/ Multishot mit RGB-Filter	wahlweise Onehsot/ Multishot mit RGB-Filter	Oneshot durch 3 Sensoren/Prisma
Farbtiefe	3x12 Bit	3x12 Bit	3x10
CCD-Sensor Größe	31x31mm	31x31mm	3x1/2"
CCD-Sensor Auflösung	2048x2048	2048x2048	1520x1144
Bilddateigröße	12MB	12MB	5MB
Zeit pro Aufnahme	Oneshot: 15 Sek.; Multishot: 60 Sek.	Oneshot: 15 Sek.; Multishot: 60 Sek.	k.A.
Wechselobjektive			
Hardware			
Plattform	Power Macintosh	Power Macintosh	PC, Mac
Schnittstelle	SCSI2	SCSI2	SCSI
Lichtempfindlichkeit ISO	100	100	100 - 800/Auto
Objektiv	Wechselobjektive 6000 System	Wechselobjektive 6000 System	31.5 - 378 mm
Autofokus	–	–	objektivabhängig
Belichtungszeiten	1/2 - 1/1000	1/2 - 1/1000	4 - 1/10000 Sek.
manuelle Belichtungskorrektur	–	–	k.A.
Blenden	objektivabhängig	obejktivabhängig	obejktivabhängig
Sucher	6000 System	6000 System	s/w-Monitor-Sucher
Wiedergabefunktion zur Bildkontrolle	nein	nein	ja
Fernsteuerung vom Rechner	Aufnahme	Aufnahme	ja
mitgeliefertes Zubehör	Netzgerät, SCSI-Kabel, Handbuch, Koffer	Netzgerät,SCSI-Kabel, Handbuch, Koffer	Digitalprozessor mit 2 Bildspeichern, Kamerakabel
Adresse	Rollei Fototechnik GmbH; Salzdahlurner Str. 196, 38126 Braunschweig	Rollei Fototechnik GmbH; Salzdahlurner Str. 196, 38126 Braunschweig	Sony Deutschland GmbH, Hugo-Eckener Str. 20, 50829 Köln
Hotline	(0531) 6800-0	(0531) 6800-0	(0221) 5966-4121
Internet	–	–	–
Preis	ca. 46000,-	ca. 46000,-	ca. 20500,-

Quellennachweis

Agfa Schriftenreihe:
Einführung in die digitale Farbe
Einführung in die Farbseparation (digitale Farbe Teil 2)
Zusammenarbeit mit Druck und Druckvorstufe (digitale Farbe Teil 3)
Einführung in das digitale Scannen (digitale Farbe Teil 4)
Einführung in die digitale Fotografie (digitale Farbe Teil 5)
Einführung in die digitale Bildverarbeitung (digitale Farbe Teil 6)
Einführung in den digitalen Farbdruck

zu bestellen bei:
Agfa Deutschland
Vertriebsgesellschaft mbH & Cie.
Fax: 02237/62589

chip-Special, Martin Knapp
Digitale Fotografie 2, Vogel Computer Presse, Würzburg 1996

MACup-Verlag GmbH
computerFoto, Hamburg, Monatszeitschrift
MACup, Hamburg, Monatszeitschrift

Fröbisch, Lindner, Steffen
ComputerPhoto, Laterna magica, München 1995

Ihrig, Sybill und Emil
professionell scannen, dpunkt Verlag, Heidelberg 1997

Internet-Adressen

Interessante Zeitschriften/Service-Anbieter:
www.hotwired.com
www.adf.de/index.html
www.artwork.de/
www.macup.com

Fotoseiten:
www.digitalkamera.de
www.laterna-magica.de

Professionelle Bilddatenbanken:
www.dipa.de/

Hersteller:
www.alienskin.com
www.casio-usa.com/html/products/ccameras.html
www.canon.de/canon/products/imaging/index.htm
www.canon.de/canon/powershot.html
www.fujifilm.de/digit/digi2.htm
www.epson.de/product/imaging/#DCAM
www.apple.de/_produkte/_peri/peri.html
www.agfahome.com/deutsch/
www.sony-cp.de/_D/Products/Digital_Imaging/Index.html#
www.sharp.co.jp/index-e.html
www.indigo.ie/sanyo/products/pccamera.html
www.ssa.samsung.co.kr/product/camera/main.html
www.polaroid.com/digi-world/index.html
www.panasonic.com/PCSC/PCPC/shocked/start.html
www.olympus-europa.com/
www.klt.co.jp/Nikon/EID/index.html
www.minolta.de/foto/prodframes.htm
www.konica.de/photo_de/index.htm
www.kodak.com/digitalImaging/digitalImaging.shtml
www.hp.com
www.ludd.luth.se/users/eagle/main.html
www.fractal.com/gallery/links.html

Sachwortverzeichnis

Impressum

Riepl, Ludwig
Digital fotografieren: Bilderfassung, Bildbearbeitung, Bildausgabe / Ludwig Riepl/Barbara Schweighofer. - München : Laterna magica, 1997
ISBN 3-87467-702-8

Verlag Laterna magica

Streitfeldstraße 35, D-81673 München

Verlag und Autoren danken allen Firmen für die Bereitstellung von Produktfotos und Abbildungsvorlagen. Sämtliches illustrative und didaktische Bildmaterial von Fa. Agfa. Speziellen Dank möchten wir folgenden Personen aussprechen: Günter Kopp, Fa. Agfa; Bart van Put, Fa. image building.

Titelfoto: Heinz von Bülow, Mainz.
Umschlaggestaltung: Bernd Wegener, Berlin.
Layout, Satz und DTP-Ausführung:
Buch & Grafik Design, Günther Herdin GmbH, München.
Druck: Kösel Druck, Kempten.
ISBN 3-87467-702-8
Printed in Germany.